CEGADOS

CEGADOS

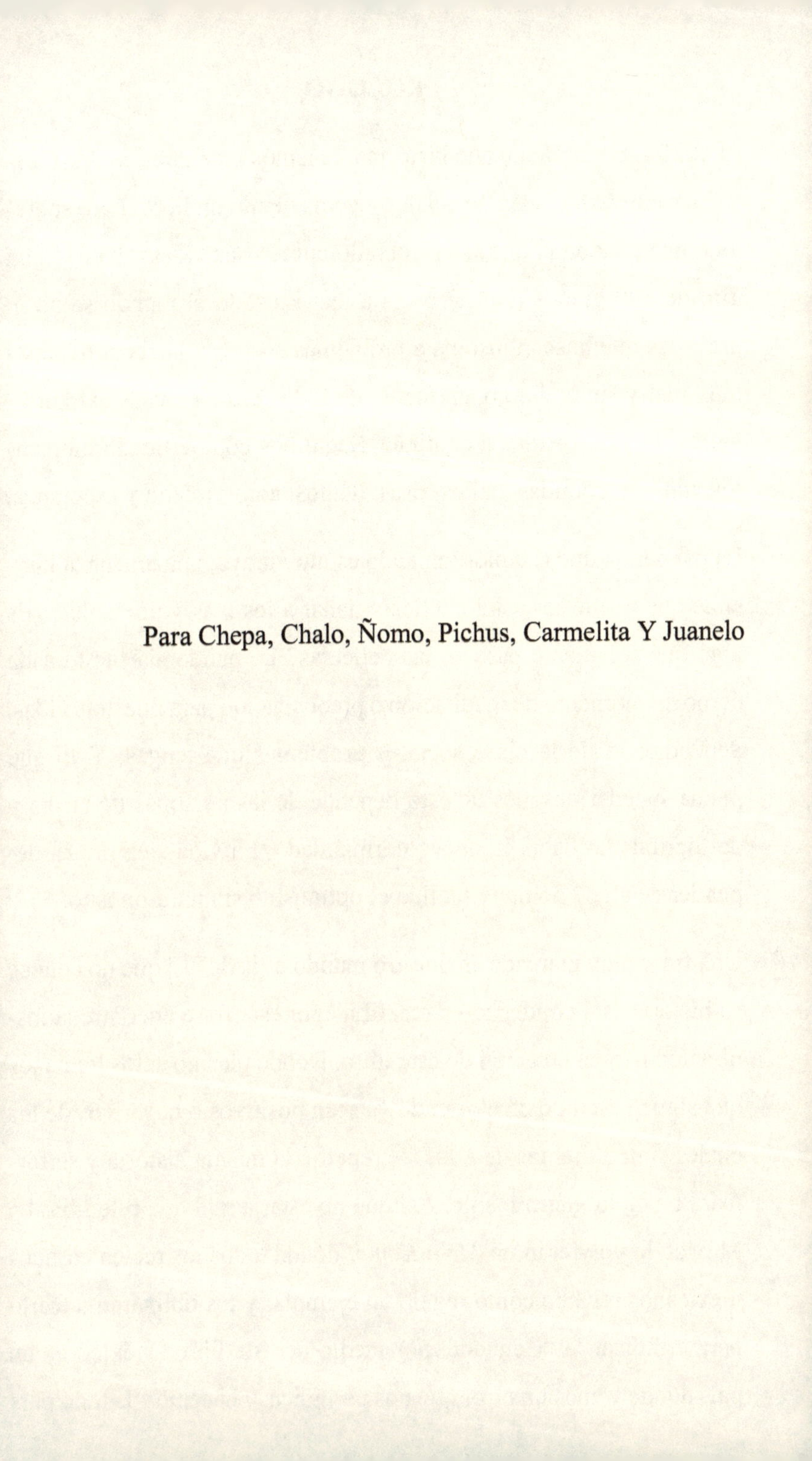

Para Chepa, Chalo, Ñomo, Pichus, Carmelita Y Juanelo

PROLOGO

El 2020 está siendo un año histórico, tenemos incendios en Australia y Chernobyl, misiones espaciales y yo haciendo un libro. Pero sobretodo una pandemia que se ha cobrado numerosas vidas y ha dado un giro de 180 grados a nuestro día a día. En todo el mundo se alzan protestas que buscan justicia a problemas sociales, la economía está muy mal y sin embargo, en medio de todos estos sucesos extraordinarios, la vida cotidiana continúa. Seguimos compartiendo momentos, música, comidas, bailes, risas, llantos, amor, miedo y esperanza.

La pandemia que estamos teniendo es muy grave, una amenaza invisible que puede ser asintomática y dañar a los más vulnerables, ¿Es algo que solamente pasa en las películas? La pandemia fue tomada como un momento de meditación o preocupación para nuestras vidas, dependiendo de la clase social y problemas que tengas. Y lo que pueda suceder después de esto depende de las personas de arriba y del optimismo hacia la nueva normalidad. ¿La vida siempre es depender de algo? no tiene sentido el optimismo sin un propósito.

Una frase muy marcada en nuestro mundo es la de "El que no conoce su historia está condenado a repetirla" por esta frase encontré la inspiración para la creación de este libro. Donde plasmo actos humanos que siguen estando en el mundo ya sean positivos o negativos de los cuales si no sabemos de ellos, se repetirá la misma historia y se formará un ciclo interminable. Así que no estaría mal que este libro en México lo volvieran un *Mein Kampf* donde todos los recién casados mexicanos reciben como regalo un ejemplar y los obligaran a leerlo para erradicar la "Ceguera" por medio de este libro. México es un país donde vemos un error que nos perjudica, y hacemos de todo para ser escuchados, pero cuando es un error que nos beneficia, y que sabemos que está mal ese error, nos aprovechamos y absorbemos todo, sin pensar en lo que puede perjudicar. Tenemos muchos problemas sociales como cualquier otro país pero ¿Hasta cuándo?

Al principio me asombre por la "ceguera" de la gente durante lo que va de la contingencia, pero me di cuenta que su "falta de emociones" ha ido "evolucionando" y han ido inventando nuevas corrientes de pensar muy elocuentes y sin sustento. Es por ello que me vi en la necesidad de escribir este libro y sobretodo tratar de pensar en el "Dualismo de la naturaleza" que una vez Émile Durkheim nos relató. Cuando te llega cualquier información debemos siempre analizar las cosas, pero hay veces en que el ser humano no llega a esa dualidad, no llegamos a dar un veredicto propio y caemos en lo que piensan los demás.

En este libro, quiero dar a explicar muchas cosas, lo que es capaz de hacer la gente en épocas de pandemia, donde se siente el 2020 como un año de incertidumbre y para otros una nueva era. Una era donde estamos expuestos a mucha información que sale de todos lados con una distribución masiva por internet.

El mundo se siente terriblemente extraño en este momento, pero no porque este cambiando bastante rápido, se siente extraño porque han expuesto el hecho de que las cosas más importantes siempre pueden cambiar, en cualquier momento. Somos vulnerables y esta simple verdad, tanto desestabilizadora como liberadora, es fácil de olvidar. El libro está hecho para eso, para no olvidar que el 29 de diciembre de 2019 un hospital en Wuhan China, admitió a 4 individuos con neumonía, quienes trabajaban en un mercado húmedo de esa ciudad y que al final resultara en una catástrofe mundial.

Todo lo que está escrito lleva un poco de opinión/reflexión personal pero tiene muchísima información sobre los daños que ha causado el virus, como se solucionó, que consecuencias se aproximan y que esperamos los seres humanos. Podría parecer un libro de ciencia ficción y sin embargo no lo es. Esta citada en números la información para saber de dónde fue extraída y la fecha de publicación. Puede tener errores humanos y me disculpo si la redacción o la bibliografía no está bien, trate de hacer el libro lo más perfecto posible y darle el crédito a toda persona que me brindo el conocimiento.

El COVID 19, un invento del gobierno

"Es importante saber lo que está sucediendo en el mundo porque se está trabajando, mucha gente está arriesgando su vida para salvar la vida de otros. No podemos caer en una actitud derrotista, fatalista, tenemos que salir adelante, no quiere decir que no tengamos la pandemia, sí, y es terrible y causa pérdida de vidas humanas y dolor, pero vamos a seguir domando la pandemia"

- "Andrés Manuel López Obrador"

El daño a la confianza pública es real, en este periodo de pandemia han surgido muchas conspiraciones que llevan al ser humano a caer en ellas, hay algunas que tienen su "pizca de verdad" pero le dan un giro de 180 grados a la información que cae en sus manos. La desinformación hace que se crea pensamiento erróneo, lo cual ocasiona que la confianza pública que las personas tienen poco a poco valla en declive y no crean en nada de lo que salga a la luz, y nos "ceguemos" y da a que la gente no respete y sobre todo no acate las órdenes que envía la gente de arriba.

Las tantas afirmaciones de que el virus ha sido creado como una arma biológica, de que es una forma de crear el nuevo orden mundial o un invento partidista, de que es para purificar el mundo y que solo los más aptos sobrevivan, que las torres 5G son las causantes, que Bill Gates la desarrollo para fin comercial, en fin…. Muchos de esos pensamientos dan a que se desarrolle un significado o darle un "porque" de su creación, y lo curioso es que se tira muchísimo a lo oscuro y malo.

Es válido crear estos pensamientos, no tiene nada de malo pensar que pueden ser cierto todas esas ideas ya que "Tiene todos los ingredientes para llevar a la gente a teorías conspirativas", comentó Karen Douglas, psicóloga social que estudia la creencia en complots en la Universidad de Kent en el Reino Unido.[1]

Recapitulemos, hemos visto de todo, tenemos conocidos enfermos a punto de perecer y pasar a mejor vida, es una amenaza que es invisible y que le da a todo tipo de personas y arrasa con todos. "ES DE PELICULA ESTA SITUACION".

Esos sentimientos de Impotencia, confusión y tristeza da a que nosotros nos ceguemos más, y por ende caigamos en las falsedades que incluso muchos gobiernos nos han intentado ocultar, fracasos que han tenido a lo largo de esta pandemia, presidentes que promueven una vacuna no aprobada, o incluso el que de manera de prevención se toma un medicamento que no necesita.

Es muy obvio que el ser humano utiliza a las conspiraciones como "protección" ¿de qué? Pues es a lo desconocido, a lo que nosotros no tenemos acceso a saber; poseer verdades que tú mismo piensas que el propio gobierno "no quiere que sepas". ¿Y traerá consecuencias? Puede ser, ya que los sentimientos de seguridad y control pueden cegarnos, pero la confianza tú la desarrollas, te podrán compartir información tus amigos, familiares, compañeros, etc. Pero el que tiene el veredicto final de creer en ellas eres tú. Y digo puede ser como respuesta a la pregunta anterior, ya que hay gente haciendo gárgaras de sal, consumir dióxido de cloro y no hacer caso al distanciamiento social.

"Hemos enfrentado pandemias antes", dijo Graham Brookie, quien dirige el Laboratorio de Investigación Forense Digital de Atlantic Council. "No habíamos enfrentado una pandemia en una era en la que los humanos estuvieran tan conectados y tuvieran tanto acceso a la información como ahora".[1] "Este creciente ecosistema de desinformación y desconfianza pública ha llevado a la Organización Mundial de la Salud (OMS) a advertir sobre una **infodemia**".[1]

¿Qué es la Infodemia?

La "infodemia" es un término que utilizó la Organización Mundial de la Salud para explicar que hay un exceso de información falsa y de una rápida propagación de esta en todos los medios de comunicación, incluyendo a las redes sociales como uno de los principales emisores de noticias falsas.

"Durante las últimas dos semanas, las compañías tecnológicas que trabajan con la OMS han publicado prominentemente enlaces al contenido, haciendo que las falsedades sean más difíciles de encontrar en las búsquedas o en las transmisiones de noticias y, a veces, eliminen el contenido por completo".[2] Y lo podemos observar, muchas compañías de redes sociales han dado la creación de un lugar específico para ver noticias verídicas y avaladas, un ejemplo de ello es *Instagram*, que coloco un mensaje para los usuarios diciendo: "Desde que la Organización Mundial de la Salud declaró el brote de coronavirus como una emergencia de salud pública en enero, tomamos medidas para que las personas puedan acceder a información precisa y se mantengan protegidas y conectadas."[3] Todas las redes sociales incluyeron un apartado de noticias sobre el COVID-19.

Pero no todo es miel sobre hojuelas, tanto como las redes Sociales están apoyando a que den "Información precisa y se mantengan protegidas y conectadas" *Facebook*, *YouTube* y *Twitter* han sabido muy bien mover sus cartas, donde ellos tomaron medidas extraordinarias para eliminar publicaciones llenas de polémica. Como la de que "x" presidente promovió un medicamento con efectividad no comprobada, que tal "x" fue el causante de todo esto, entre muchas cosas semejantes que hemos podido observar y que al buscar es difícil.

El ser humano se cierra demasiado desde tiempos inmemoriales podemos verlo hasta en la biblia en el Libro de Marcos Cap. 4 ver. 37-41.

37 Y se levantó una grande tempestad de viento, y echaba las olas en el barco, de tal manera que ya se henchía.

38 Y él estaba en la popa, durmiendo sobre un cabezal, y le despertaron, y le dicen: ¿Maestro, no tienes cuidado que perecemos?

39 Y levantándose, increpó al viento, y dijo á la mar: Calla, enmudece. Y cesó el viento, y fué hecha grande bonanza.

40 Y á ellos dijo: ¿Por qué estáis así amedrentados? ¿Cómo no tenéis fe?

41 Y temieron con gran temor, y decían el uno al otro. **¿Quién es éste, que aun el viento y la mar le obedecen?**

Menciono esto porque el ser humano le gusta cegarse por sí mismo, si la verdad no te gusta, tú puedes inventarla. Un estudio reciente[4] descubrió que era mucho más probable que la gente compartiera información falsa sobre el coronavirus a que en realidad la creyera. Aquí les muestro solo el resumen de ellos:

"En dos estudios con más de 1,600 adultos estadounidenses reclutados en línea, presentamos evidencia de que las personas comparten afirmaciones falsas sobre COVID-19 en parte porque simplemente no piensan lo suficiente sobre si el contenido es correcto o no al decidir qué compartir. En el Estudio 1, los participantes fueron mucho peores al discernir entre contenido verdadero y falso al decidir lo que compartirían en las redes sociales. Además, la reflexión cognitiva y el conocimiento científico se asociaron con un discernimiento más fuerte. En el Estudio 2, encontramos que un simple recordatorio de precisión al comienzo del estudio, es decir, juzgar la precisión de un titular no relacionado con COVID-19, más del doble del nivel de discernimiento de la verdad en el intercambio de intenciones de los participantes. Nuestros resultados, que reflejan los encontrados anteriormente para noticias políticas falsas, sugieren que empujar a las personas a pensar en la precisión es una forma sencilla de mejorar las opciones sobre qué compartir en las redes sociales"[4]

¿A que vamos con todo esto? Que si seguimos así, con la mentalidad cegada, con quedarte con lo mínimo y no ver la dualidad de las cosas. No habremos mejorado como humanidad. Es un fenómeno del que tenemos que escapar porque trae consecuencias, no solamente te ciegas tú sino también a todos.

"Te das cuenta que nuestra sociedad está por los suelos cuando entre naciones se están robando información de la cura contra el COVID-19 en lugar de trabajar como uno solo para salvar el planeta ¿Que acaso no pueden dejar a un lado sus intereses y trabajar para un bien común? Lamentablemente los intereses económicos importan más que todo lo demás, si es que existen otras civilizaciones en el universo, que estoy seguro que sí y vieran lo que está ocurriendo aquí, no sé lo que pensarían de la raza humana, después de todo lo que hemos atravesado este año, no fue suficiente para que hiciéramos un cambio como especie, hemos fallado y probablemente por este tipo de cosas no evolucionamos ni damos el siguiente paso.

-    "SomosCerebros"

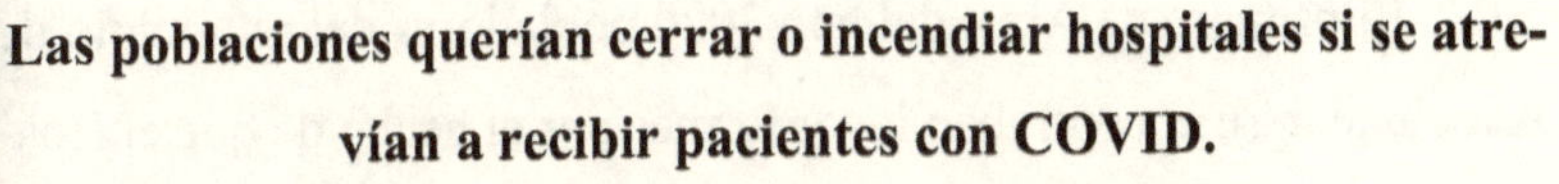

Las poblaciones querían cerrar o incendiar hospitales si se atrevían a recibir pacientes con COVID.

"Un dirigente puede poner en riesgo su vida, pero no tiene derecho de poner en riesgo la vida de los demás. Tenemos que cuidar la vida de todos los seres humanos. No a la guerra, sí a la paz"

- "Andrés Manuel López Obrador" 18/10/19

La falta de empatía que tienen muchas personas durante esta pandemia es muy interesante, jamás pensé que varias personas se juntaran alegando como una "buena acción" quemar o cerrar hospitales que atendieran COVID.

El hospital general de Axochiapan

Hay casos en particular de los cuales me gustaría escribir, un ejemplo de ello es el que ocurrió en el estado de Morelos, más exacto en Axochiapan. Con una población total del municipio de "33,695"[5] y donde posee un personal médico de "74"[5] personas, ambos datos del año 2010. El primero de Abril del año 2020 pobladores del municipio de Axochiapan se encontraban inconformes por el hecho de que el Hospital General del municipio fuera utilizado para pacientes COVID. Amenazaban con quemar el hospital y mencionaban:

"Que quede consciente el hospital que no nos interesa que traigan a nadie y hagan lo que quieran".[6]

"Si no hay respuesta de un hospital para atender lo poquito que atiende todos los días, doctor, ¿van a poder atender una contingencia de este vuelo?"[6]

"Escúchenlo bien, los quemamos, les quemamos el pinche hospital y no hay hospital"[6]

Al final no quemaron el hospital pero: ¿Su inconformismo es correcto? ¿Tenemos que dejar morir a nuestros semejantes? ¿Si se puede atender una contingencia de esa magnitud con este tipo de personas? Estas preguntas son con las que se puede quedar uno reflexionando, y da para mucho más este suceso, pero solo quiero que aquellas personas que estuvieron de acuerdo en intentar quemar el hospital, reflexionen, que quede marcado en sus vidas como un acto de locura y que mejoren de manera personal.

Una nota periodística de *El financiero* apareció con este encabezado que dice: "Fallece de COVID-19 líder que amenazó con quemar hospital de Axochiapan"[7]

Llámalo universo, dios, o cualquier omnipresente. Pero esta persona murió "cegada"

La clínica del IMSS de Los Reyes de Salgado

Esto es otro suceso parecido que quedara marcado en la historia de México. Es normal tener miedo hacia lo desconocido, tener miedo a que la "amenaza invisible" llegue a ti y toda tu familia, pero ¿Dónde está el respeto a nuestros semejantes? La clínica IMSS de Los Reyes, que se encuentra en el estado de Michoacán con una población total del municipio de "64,141 personas"[8] y el personal médico que éste posee es de "102 personas"[8] ambos datos del 2010. El 16 de Abril del año 2020 surgió la noticia de que en la clínica IMSS del mismo municipio varios trabajadores junto con pobladores amenazaron que quemarían a pacientes que presentaran COVID si estos son internados en dicho centro. Está claro que tienen miedo, si fueran ellos los que tuvieran la enfermedad sería diferente. Entre las quejas se escucho:

"Mira primo, aquí no se va a atender a nadie con coronavirus; aquí los vamos a quemar y es la última vez que vengo. Va a venir o lo saco a la ver…, a otro lado"[9], expresó una de las personas.

Somos humanos, todos somos iguales, no hay nada que nos distinga unos a otros, tenemos que ser tratados por lo mismo. Lo positivo de esto es que al final resulto parte de un rumor, los directivos del Seguro Social negaron que eso sucedería y la nota se quedó hasta ahí.

El hospital general de Sabinas Hidalgo, Nuevo León.

Sabinas Hidalgo es un municipio que en el Informe Anual Sobre La Situación de Pobreza y Rezago Social tuvo una Población total de "34,671"[10] y un personal médico de "91"[10] personas en el 2010. Unos días antes de que el hospital lo tomara la Secretaria de la Defensa Nacional (SEDENA) para atender a pacientes con síntomas de Coronavirus. En altas horas de la madrugada del 6 de abril, hubo algo que rebaza a las dos noticias anteriores, se propago un incendio dentro de las instalaciones, daños en puertas, pisos, y ventanas. Los medios de comunicación escribieron que rociaron con alguna sustancia flamable y el incendio sucedió.

El alcalde del municipio Daniel Omar González mencionó que este acto fue realizado por personas que no están de acuerdo en que se atienda al COVID. No se encontró el culpable del incendio.

El alcalde denunció lo sucedido y solicitó apoyo al estado. "Estamos coordinándonos con la autoridad estatal para la investigación y determinar quién o quiénes fueron los responsables, a mí me da coraje porque estamos pugnando porque se acabe el hospital y vienen a hacerme destrozos, pues los que lo hicieron no tienen madre, así es la palabra"[11].

Esta noticia es muy triste a comparación de las anteriores, ellos ya actuaron, incendiaron el lugar, mucho o poco no importa, la acción que estas personas tomaron no es la correcta, solo esperemos que el que hizo esto tenga que pagar el daño.

Agresiones en México contra personal médico que combate el COVID-19.

"Tenemos que respaldar, apoyar, reconocer el trabajo de las enferme-ras, de los médicos, de los camilleros, de los que conducen las ambu-lancias, de todos los trabajadores, del sector salud, en este momento. Son los trabajadores más importantes, héroes, heroínas"

-   "Andrés Manuel López Obrador "

¿Quiénes han sufrido discriminación ante el COVID-19?

Hablar de discriminación, es un tema para expandirnos y terminar odiándonos a nosotros mismos porque al final lo hemos hecho alguna vez en nuestra vida, pero en México ahora ha incrementado. **Personas portadoras del virus** que han perdido, acceso a la salud, derechos laborales, así como el acceso a alternativas educativas y a la justicia. **Personas que han viajado** durante la pandemia en México he incluso cuando no estaba. **Personas de origen asiático**, quienes han recibido malos tratos, intimidaciones y agresiones debido a que en Asia fue el inicio del virus. **Personas mayores** ya que sólo ellas se enferman y que debemos dejarlos morir con la excusa de "solo los más aptos sobreviven". Y sobre todo los que se encargan de acabar con la epidemia, **el personal de salud.**

Hipócrates es conocido como el Padre de la Medicina, vivió en el siglo V antes de Cristo y es identificado como un viejo médico rural, amable y sobretodo sabio, viajaba por toda Grecia con el fin de curar a las personas que se encontrase en el camino, al dar fin a su travesía creo su escuela en Cos y otra después en Larissa. Una de sus aportaciones fue la clasificación de las enfermedades, terminología médica, la teoría de los humores y fue el primer cirujano torácico de la Historia.

Hipócrates murió en Larissa pero no se tiene certeza ya que viajaba mucho a ciudades como Tracia y Tesalia, debido a que seguía laborando a pesar de su avanzada edad, que era de unos 90 a 100 años aproximadamente. Pero lo más importante de Hipócrates es que dejo algo para los médicos, el juramento Hipocrático, que es "un documento fundamental para la ética y deontología de la práctica médica"[12]. Este Juramento Hipocrático, lo deben firmar los que terminan sus estudios y quieren dedicarse a la profesión de Médico.

¿Cómo es y qué dice el juramento actual?

- Conservar el respeto y el reconocimiento a que son acreedores vuestros maestros.

- Considerar a los colegas como hermanos.

- Ejercer vuestro arte con conciencia y dignidad.

- Tener absoluto respeto por la vida humana desde el instante de la concepción.

- No utilizar, ni aún bajo amenazas, los conocimientos médicos contra las leyes de la humanidad.

- Mantener, en la máxima medida de vuestros medios, el honor y las nobles tradiciones de la profesión médica.

- Hacer de la salud y de la vida de vuestros enfermos la primera de vuestras preocupaciones.

- En el momento de ser admitidos entre los miembros de la profesión médica, se comprometen solemnemente a consagrar vuestra vida al servicio de la Humanidad.

- Si cumpliereis íntegramente este Juramento, que podáis gozar de vuestra vida y de vuestro arte y disfrutar de perenne estima entre los hombres. Si lo quebrantáis, que vuestra conciencia y el honor de la profesión médica en la que acabáis de ingresar os lo demanden.

(Estos puntos varían en palabras y especificaciones, pero todos los médicos tienen que saber de ellos)

Médicos y enfermeras que atienden a pacientes con COVID-19 han sido objeto de ataques y discriminación por parte de quienes temen que les puedan contagiar. No solo tienen que estar al tanto de los pacientes y "Hacer de la Salud y de la vida de los enfermos la primera de sus preocupaciones" también debe cuidarse de la gente que le teme al virus. En la investigación que lleve a cabo, encontré un análisis elaborado por la Secretaria de Gobernación de Mexico (SEGOB) donde se documentaron 47 ataques a nivel nacional solamente en el mes de Abril del año 2020 contra personal médico y queda el estado de Jalisco como el estado con más agresiones, dando alrededor de 17 agresiones. Mientras que la Conapred registra de marzo a julio 91 casos de agresiones a médicos, enfermeras o trabajadores de la salud, la Subsecretaría contabiliza 103 sólo de abril a mayo.

Baños de cloro, restricciones de su propia vivienda, malos tratos, intimidaciones, burlas, insultos, golpes, molestias y repudio es lo que han soportado lo que va de la epidemia. La mayoría de las denuncias que se han presentado es de trabajadores del sector de salud público y son mujeres las que salen con mayores agresiones.

Caso #1

Ligia Kantun, de 59 años, lo vivió en su propia piel cuando el 8 de abril, al salir del trabajo con su uniforme de enfermera, alguien pasó en coche a su lado y le tiró un café caliente por la espalda."[13] "¡Infectada!", le gritaron desde la ventanilla del auto antes de acelerar la velocidad, lo que le impidió identificar al agresor, afirma.

"Pensé que me habían quemado. Luego vi que no me pasó nada, pero bien pudo ser una piedra o un palo. Entonces me dio tristeza, tristeza de ver cómo la gente nos está atacando. Eso me dolió más: el daño moral", le cuenta a *BBC Mundo* desde Mérida, en el estado de Yucatán. [13]

Caso #2

Una enfermera salía el 23 de Abril del 2020 de su jornada laboral de un hospital privado, cuando de pronto fue interceptada por el sujeto de nombre José Ángel "N" de 49 años, que empezó a insultarla, agredirla físicamente, y no conforme la orino. Ella dio aviso a las autoridades que al final detuvieron al sujeto. Ella hizo un video en el que relata lo sucedido y menciona:

"Yo los invito a ustedes como compañeros y a todo personal médico que no salgan de sus labores ni de su casa con el uniforme"[14] menciono la enfermera agredida.

Caso #3

En Jalisco una enfermera pidió la parada al servicio de transporte público pero el operador del camión de la ruta la agredió verbalmente sobre la avenida, le negó el servicio y la obligó a bajar de la unidad.

Pero esta agresión no quedó inconclusa ya que la enfermera hizo una denuncia de los hechos por lo que se comenzó a indagar hasta que se dio con la identidad. "Oscar Eduardo "N", quien resultó ser el chofer que negó los servicios a la afectada."[15]

Caso #4

Esto paso en la capital de Puebla, que tiene una población de 1 498 300 (Censo del año 2014) y además "el gobierno federal que encabeza Andrés Manuel López Obrador reveló que en el estado de Puebla existe un déficit de personal que trabaja en el sector salud, al contar únicamente con 1.9 médicos por cada mil personas, cuando la Organización Mundial de la Salud (OMS) recomienda que haya un galeno por cada 333 habitantes"[16]. La enfermera Yarentzi Ramírez se encontraba cerca del Hospital de Alta Especialidad del IMSS "San José" al estar en su auto 3 hombres la obligaron al bajarse y al no querer ellos la sacaron del auto, tiraron al piso y patearon por miedo a que los contagiara, le robaron sus pertenencias y la amenazaron con que si hacia una denuncia, le quitarían la vida. Si quieres saber más de este suceso está en "La Jornada de Oriente"[16]

Caso #5

Este caso es particular porque fueron menores de edad los que iniciaron la agresión, sucedió en San Luis Potosí, una enfermera fue a comprar café antes de ir al hospital y al salir fue abordada por dos menores de edad entre 10 y 12 años de edad quienes le regaron a todo su uniforme café, jugo y refresco al momento que le gritaban "COVID, no te nos acerques culera" y la madre de estos escuincles todavía le dio de golpes en la cara y callo en el pavimento. Por desgracia se fracturo dos dedos de la mano derecha. Si quieres saber más del suceso se encuentra en "Infobae"[17] donde hay foto de los hechos.

Caso #6

En la Ciudad de México, más específico San Pedro Xalpa Azcapotzalco, hubo una agresión de la cual fueron víctimas el personal del hospital, todo empezó cuando 6 sujetos, entre ellos 2 mujeres y 4 hombres hacían caso omiso a las indicaciones de los médicos. Se encontraba aislado el paciente y solo tenían acceso los trabajadores a entrar pero cuando se informó del fallecimiento del paciente, los familiares empezaron a discutir por ver al fallecido y al negarles el acceso empezaron los golpes, hay hasta video del suceso y puedes encontrar información en "El Norte"[18]

Caso #7

Sucedió en Reynosa Tamaulipas, donde un enfermero que hacia sus prácticas en el Instituto Mexicano del Seguro Social (IMSS), termino su jornada y el sujeto se encontraba en la tienda de un centro comercial (cosa que no tiene nada que ver con un hospital) y de pronto una mujer del lugar empezó a rociarle cloro y ahí no quedo la cosa, la señora empezó a gritarle que ellos son los culpables de la propagación del virus, la evidencia del uniforme del enfermero Luis Gerardo Ramos la encontré en "Politico.mx"[19]. La del caso #2 tiene razón, no salgan del trabajo con el uniforme.

Caso #8

Este caso también es particular, fue en San Buenaventura Coahuila donde un médico saliendo de laborar, tomo su auto y en la carretera federal 30 lo detuvo un retén en la entrada de su localidad, dieron en el interrogatorio que su profesión era de médico y le negaron el acceso los mismos policías, hasta que un militar le accedió el paso. Pero los policías venían detrás del auto y otra unidad policiaca, lo interceptaron, lo bajaron al médico de su propio auto y le dieron golpes, lo esposaron y se lo llevaron en la patrulla. Le provocaron dolores en el cuello y hombro. Más información la puedes encontrar en el portal de "Vanguardia Mx"[20]

Estos casos para mi fueron de los más desagradables que se pueden encontrar en todos los portales de noticias. ¿Así como ellos cuantos habrá que no han contado sus historias? ¿Y si hubiera sido peor los actos de estos sujetos? La mayoría de la sociedad le aplaude, y hasta ven como un acto heroico la labor que tiene el personal médico, pero por esos poquitos se sigue desarrollando el miedo, la "Ceguera" de las personas.

¿Se solucionó todo esto?

Se puede llegar a la conclusión de que si se solucionó pero no se erradicó.

En muchos países se han diversificado estas agresiones, llegando a dejar secuelas en las personas afectadas, no solo en el personal médico, farmacéuticos, trabajadores de los ayuntamientos y hasta trabajadores de supermercado, por lo tanto hubo un aumento de la vigilancia en varios estados. La Secretaria de Seguridad Ciudadana desplego agentes en hospitales donde se especializan en atender Coronavirus.

La implementación de transporte privado a los médicos que se encuentran trabajando en el COVID les ha dado disminución a las agresiones.

"Este operativo se mantendrá hasta que finalice la emergencia sanitaria, por ello la SSC realizó la instalación de carpas en cada centro hospitalario y almacén, las cuales cuentan con cuatro efectivos, quienes brindan atención a la ciudadanía que acuda e ingrese a ellos".[21]

En las metrópolis de México como son Puebla, CDMX y Jalisco varios otorgaron hospedaje gratuito al personal médico que atiende COVID-19 para frenar el contagio. Además la ONU también dio voz en México, porque llegaron las notas de las agresiones a la Organización, donde en una nota periodística llama a toda la población a respetar el trabajo de los profesionales de la salud y condena "cualquier expresión de odio, intolerancia, estigmatización y discriminación en contra de quienes hoy están en la primera línea de respuesta a la pandemia".[22]

En especial, se destaca la labor que realizan las mujeres quienes representan un 79% del personal dedicado a la enfermería, por encima de la media mundial, y un 39% del médico.[22]

"Es central garantizar su seguridad y las condiciones para que puedan desarrollar su trabajo, así como incluir la perspectiva de género en las medidas de prevención, respuesta y recuperación de toda la población, en particular, los trabajadores de salud", expresa el comunicado.[22]

Al mismo tiempo, se anima a los gobiernos, tanto al federal como a los estatales, a adoptar medidas urgentes que sirvan para garantizar la salud física y mental de los profesionales sanitarios y que garanticen las necesidades inmediatas de las mujeres que trabajan en este ámbito.[22]

Multas de fuertes cantidades de dinero también han sido implementadas para las agresiones, una publicación de *Forbes México* menciona: "Después de dos sesiones extraordinarias en el Congreso de

Jalisco, se aprobó castigar con 17 mil pesos de multa y cárcel a quienes agredan a personal médico, además se autorizó condonar pago de actas de defunción a fallecidos por Covid-19".[23]

Según en la nota se menciona que irán de 8,600 hasta 17,300 pesos. Las lesiones leves podrían hasta castigarse de dos a cinco años de prisión. En caso de lesiones que pongan en peligro la vida de la víctima se sancionará al agresor con hasta seis años de cárcel. Lo cual para mí se me hace muy correcto.

Más Efectos Colaterales del COVID – 19

Tenemos ahora más problemas gracias a lo que está pasando en el mundo en el sentido ambiental, alimenticio, espiritual, emocional, laboral, económico, educativo, farmacéutico, político, sanitario y salud. Todo esto ha dado muchísima reflexión acerca de cómo es que el mundo no ha "colapsado". Hemos tenido guerras, exterminios y efectos sobrenaturales de los que hemos salido con la cabeza en alto y con "rasguños" que nos dejaron marcados. Enseñanzas a la buena, pero a veces (si no es que todas) a la mala. Más sin embargo aquí estamos, no preparados para lo que se aproxima, estando inciertos, y con el único objetivo de permanecer vivos hasta donde el cuerpo aguante.

Es grato estar con vida en este siglo, podemos vivir una vida plena haciendo lo que más nos apasiona, rompiéndonos la espalda para que nuestros hijos no les falte nada, hacer ambas cosas, o simplemente estar de mantenido por alguien más hasta el final de nuestros tiempos. Pero la vida laboral ¿no nos deja? ¿A caso el gobierno nos está apoyando? ¿Hay beneficios gracias al COVID?

Ante la cuarentena las empresas optaron por hacer trabajo en casa, suspender labores y el peor de los casos despedir a los empleados.

Laboral

"El trabajo es la vocación inicial del hombre, es una bendición de dios, y se equivocan lamentablemente quienes lo consideran un castigo"

- Josemaría Escrivá de Balaguer

Algo que viene sonando mucho es lo que pronosticó la Organización Internacional del Trabajo (OIT) y es que comienza a alertarnos sobre otra tragedia global: el desempleo.

La epidemia no ha cesado, llevamos mucho tiempo en confinamiento y no le vemos salida, en México hay 620 mil infectados apxomidamente en el día 29 de Agosto del año 2020 y esto no es todo, nos hemos encontrado con una tragedia económica por el aumento de desempleo. Todo se ha paralizado, desde los puestos de comida, restaurantes, plazas y hasta las misceláneas. No por miedo, más bien porque las autoridades exigieron el cierre de negocios de primera necesidad, a lo cual te preguntas siendo dueño de un negocio: ¿Qué es primera necesidad? Tengo el antojo de un frappe desde hace meses y yo me pregunto cómo consumidor: ¿Es necesidad o deseo? ¿Sera justo que cierren los negocios? ¿De que vivirán los comerciantes?. Ese tipo de preguntas nos lleva a que los consumidores no obedezcan y los negocios menos. Aunque apenas están regulándolos a que porten los negocios medidas de higiene y salubridad no falta el negocio o consumidor que siga "Cegado" y siga sin respetar las órdenes del gobierno.

Hubo veces en que los mayores te decían: "Ten tu colchoncito para cualquier emergencia" pues esa "emergencia" llego en forma de pandemia y empresas, ya sean grandes o pequeñas la están sufriendo, pero más las que son pequeñas ya que no hay un solvento que pueda relajarlos y los trabajadores están con el miedo de que el día de mañana les corten el salario, trabajen menos horas, o peor, su despido total.

La OIT obtiene una aproximación mediante los datos del mercado laboral y la variación de las horas de trabajo y los intermediarios, esto va a reflejar los despidos de los trabajos al igual que el corte de horas laborales, llegando a la pobreza y con muchas dificultades el poder recuperar sus medios.

"La mayor parte de las pérdidas de empleo y la disminución de las horas de trabajo se producirán en los sectores más afectados. La OIT estima que 1250 millones de trabajadores, esto es, el 38% de la población activa mundial, están empleados en sectores que hoy afrontan una grave caída de la producción y un alto riesgo de desplazamiento de la fuerza de trabajo. Entre los sectores clave figuran el comercio al por menor, los servicios de alojamiento y de servicio de comidas y las industrias manufactureras"[24]

Y tristemente esa es la realidad, los países de periferia y emergentes son aquellos que poseen una población mayor con empleo informal y por lo tanto carecen al acceso de salud pública y prestaciones. SIEMPRE ha habido desigualdades salariales y limitantes en la creación de productos debido a la falta de recursos. Los que ya están mal pagados y no tienen protección social la sufrirán más, abriendo una mayor separación a la de años pasados sobre el que es rico y el que es pobre.

Pero muchas de las personas que siguen trabajando, como son el personal médico; que a pesar de que son los que más agreden están laborando, los de sector primario; que por las medidas de paralización de las actividades, incluido el cierre de fronteras, da como resultado el riesgo de inseguridad alimentaria, y los servicios públicos esenciales. Todos ellos están arriesgando su vida, luchando contra el virus y asegurándose de que las necesidades básicas de la población estén atendidas. Y les damos aplauso y sobretodo, "GRACIAS" que en amor al mundo y a la sociedad siguen trabajando.

Aquí tenemos un caso verídico de como el COVID atacó en el aspecto laboral:

Es el caso de una chica poblana. Relata que hace 2 años y 9 meses empezó a trabajar en una empresa de transporte público que se encontraba en la Ciudad de México, acepto el trabajo y se mudó a la capital, con solo 27 años saco un coche a crédito para poder trasladarse a su nuevo trabajo. Pero el 23 de marzo empezó la pandemia por lo que 50 empleados y ella se les anuncio que iba a tener un recorte de horas de trabajo y de salario. La empresa pidió que firmaran un documento donde expresaba su intención de estas reducciones Obvio no estaban de acuerdo y todavía este anuncio lo hicieron como una petición "voluntaria", ella no firmó y por lo tanto la empresa decidió despedirla por no haber aceptado el recorte, a lo cual le pidieron firmar su despido que tampoco firmó. El documento que le pedían firmar le saco copia y el portal de *Cuestione*[25] lo subió.

"Tuve que hacer mis maletas y regresarme a Puebla. Ya no puedo pagar la renta y tengo que ver cómo le voy a hacer para sobrevivir y pagar el crédito que saqué".[25]

¿Cuántos estarán como ella? Millones según la OIT. ¿Cuántas empresas anunciaron el cierre de sus tiendas sin el goce de sueldo a sus empleados? ¿Cuántos habrán aceptado estas condiciones por necesidad? Ellos tienen mucha Fe de que cuando esto acabe, recuperaran el salario y las horas que tenían ¿Y si no lo consiguen?....

¿Qué se espera?

"Según la OIT, el panorama es incierto debido a la velocidad y el gran alcance de la crisis, lo cual complica visualizar su duración y gravedad"[26]

Pero se encuentra un encabezado que publico la *BBC* con el siguiente encabezado "Se perderán 195 millones de empleos en solo 3 meses" por la pandemia, el alarmante informe de la OIT (y cómo afectará a América Latina)"[27]

El Instituto Mexicano del Seguro Social (IMSS) ha reportado la pérdida de más de 1 millón de empleos formales de marzo a mayo por la pandemia. El PBI tuvo una caída de 18,9% en el segundo trimestre del año, en comparación con 2019. En la peor anécdota de la economía mexicana la caída fue de tan sólo 8,6 %, según datos del Inegi, en 1995.

¿Qué se hace al respecto?

Una de las primeras implementaciones para saber cuándo reabrir los negocios es por medio del Semáforo de riesgo epidemiológico, que es un sistema que se monitorea por medio del riesgo a contagiarnos. Compuesto de 4 colores:

ROJO: Cuando se permitirán solamente las actividades económicas esenciales, asimismo se permitirá también que las personas puedan salir a caminar alrededor de sus domicilios durante el día.

NARANJA: Las empresas de las actividades económicas no esenciales trabajen con el 30% de su personal.

AMARILLO: Todas las actividades laborales están permitidas, el espacio público se abre de forma regular.

VERDE: Se permiten todas las actividades, incluidas las escolares.

En todos los colores de los semáforos debemos de estar con cubre bocas y con nuestras medidas sanitarias.

Hay respuesta por parte de los políticos y se han tratado de centrar en la prestación de dar esperanza, alivio y sobretodo caridad pero hacen más hincapié en dos cosas:

1. **La protección a la salud de las personas**, poniendo medidas sanitarias, resguardo domiciliario, filtros para el acceso a lugares, mayor equipo médico y personal de Salud apto.

2. **En apoyos económicos** como una estimulación de empleo, apoyos y dialogo social

"En muchos países, las medidas a nivel político han sido rápidas, pero en otros están demoradas y limitadas por trámites burocráticos. También se plantean algunas cuestiones sobre el volumen del paquete de medidas de alivio, ya que en algunos países parece demasiado reducido para atender a todas las necesidades. A medida que la crisis se extienda a los países de ingresos bajos y de ingreso mediano, se necesitarán respuestas similares (o incluso mayores). Habrá que aplicar medidas de alivio inmediato para las empresas y los trabajadores de la economía informal. En este sentido, los sistemas de mercado libre, los mercados internacionales de capital estables y la liquidez internacional podrían apuntalar esas iniciativas. Para los países de ingresos más bajos en los que el margen fiscal y la capacidad son sumamente limitados, la ayuda humanitaria y el apoyo internacional para responder a la crisis sanitaria y del mercado de trabajo serán fundamentales"[24]

¿Nada más una despensita para las poblaciones más marginadas? Sí, aunque sea una despensa, el acto es grato y ayuda más que no hacer nada. Pero si, se necesita más que esas medidas en el País Mexicano. Y hay varios apoyos y campañas que se han creado debido a ello. Lo bueno es que tenemos leyes. Las leyes fueron hechas para establecer derechos y deberes a todos los ciudadanos por igual, que la convivencia social sea plena y que todos somos iguales ante la ley. Aquellos que rompan algún artículo de las leyes recibirán una sanción dependiendo de la gravedad. Por tanto, la norma en México dicta que los jefes que despidan gente están obligados a **pagar el 100% de la liquidación**. Una suspensión de labores no implica que los empleados deban ser despedidos. Ellos deberán seguir percibiendo su ingreso, recibir una indemnización o llegar un acuerdo con la empresa. Y si no hay acuerdo acusarlo con las autoridades. Sin embargo, llevamos ya mucho tiempo en cuarentena, al día de hoy que escribo esto llevamos más de 100 días en epidemia y los dueños no pueden pagar a los empleados, han quebrado muchísimos negocios, alrededor de 25 millones de personas están desempleadas.

Hay negocios y empresas de primera necesidad que antes de entrar te detectan la temperatura, prohíben entrar si no llevas cubre bocas, pero ¿Qué sucede cuando las personas no respetan las medidas sanitarias? Hay un caso muy famoso que ocurrió en Chilpancingo Guerrero. El 24 de julio del año 2020 se encontraban muchas personas afuera de un supermercado desde las 7 a.m. con el propósito de aprovechar las rebajas y promociones, la que más llamo la atención al consumidor fue "3x2 en aceites de cocina".

Llego la hora de abrir del supermercado y al momento de abrir la tienda se formó una estampida humana que tiro a varias personas, fueron pisadas por las personas de atrás, se pelaban por los carritos y los productos ¿Dónde estaba el guardia de seguridad de la tienda? Pudo haber ayudado en múltiples situaciones como: 1. Ayudar a la gente que se calló en la estampida. 2. Llamarles la atención a la gente que se peleaba por los productos. ¡O desde un principio poner un orden antes de entrar! ¡Pero prefirió asustar a un perrito que iba a entrar a la tienda! El video donde se puede apreciar la estampida y noticia está en "*La Jornada*"[28].

Parece de película esta noticia, donde gente en tiempos de alto contagio todavía estén "Cegadas". Al final llego salubridad, clausuro el supermercado y es de suponer que perdieron su trabajo por la gente cegada.

¿Poniendo en su lugar a los que se lo merecen?

Nos ha enseñado esta pandemia que los migrantes que vienen a trabajar se les considera "trabajadores esenciales" y curó la ceguera de un presidente que fomenta construcción de muros fronterizos. Esas personas que eran llamadas como una escoria, delincuentes y violadores, que trabajan en agricultura, ganadería, minería y pesca han recibido ahora permisos especiales de trabajo y residencia.

"Es como si de repente se dieran cuenta de que estamos contribuyendo a mejorar este país", menciona Nancy Silva, que es una recolectora de fresas mexicana, en una entrevista con el '*The New York*

Times'. Quien ahora tiene un documento del Departamento de Estado que la califica de "trabajadora esencial para la cadena de suministros". Como ella, muchos de los trabajadores que recogen las frutas y hortalizas son inmigrantes indocumentados, el 50% según datos oficiales del Departamento de Agricultura, el 75% según los productores, y aunque teniendo ese documento de residencia no elimina la posibilidad de ser deportados. "Tener un documento oficial es un paso adelante, pero no servirá de nada si me lo quitan dentro de unos meses ", concluye Nancy.

Lo más triste de todo esto, es que se les sigue menospreciando su trabajo además de que se le precariza muchísimo en México, al obrero más bajo lo pisoteamos, nos burlamos de él y hacemos comentarios clasistas cuando ellos deben tener todo el poder adquisitivo y desquitarse con nosotros. Durante esta pandemia pocos son los países y empresas que terminan apoyando con documentos y residencias a los trabajadores. Si los inmigrantes no trabajan, no habrá suficiente comida, por poner un ejemplo.

"Las circunstancias se han complicado tanto últimamente que es verdad que tener trabajo es una bendición"

-    Jorge Bucay

Educativo

"En los últimos treinta años el mundo ha presenciado muchas crisis, incluida la financiera mundial de 2007-2009. Todas han golpeado con fuerza al desarrollo humano, pero, en general, a nivel global se ha conseguido avanzar cada año". "El triple impacto a la salud, a la educación y a los niveles de ingresos provocados por la COVID-19 puede alterar esta tendencia".

- Achim Steiner.

Hay un dibujo muy hermoso que plasma nuestra nueva realidad, Elisangela Pires es la creadora de ese dibujo y deja a las personas una reflexión que me gustaría que vieras antes de seguir leyendo. Yo la vi en una página de Facebook llamada "Docentes Unidos"[29] donde se comparten material didáctico e información. La publicación dice:

"Sobre el regreso de los niños en la escuela: Ni médicos, ni los propios científicos saben con certeza lo que es, como se manifiesta, ni nada sobre COVID-19 y querer poner a los niños juntos en este momento, parece ser lo más irreal. Los niños no paran, sea en una escuela tipo Kínder, Preprimaria o Primaria no es una universidad que le hablas al alumno, siéntate y mira la clase en tu lugar... los niños se mueven, saltan, juegan, necesitan correr, se meten el lápiz en la boca, los dedos en los ojos, comparten juguetes, abrazan al amiguito, dividen el lunch, no se deja puesto el cubre bocas y mucho menos recuerda higienizar las manos en todo momento....Deberíamos estar a favor de NO enviar a los niños a la escuela hasta asegurarnos de la cura y prevención. De hecho, deberíamos estar a favor del cierre del año escolar, es mucho mejor perder el año escolar que la vida de nuestros niños."[29]

¿El confinamiento nos ha dejado sin aprender? ¿Han tenido apoyos las escuelas? ¿Se va a repetir el año escolar? ¿Ya jamás habrá clases presenciales? ¿Están aprendiendo los chicos? ¿Les causa ansiedad? ¿Cómo ven los padres de familia esto? En fin. Muchas de estas preguntas están en nuestra cabeza y no se responden con facilidad. Esto va para largo, se supone que el ciclo escolar en México (Agosto 2020 - Julio 2021) sería presencial, más sin embargo no será así, muchos casos confirmados de COVID - 19 impiden que esto pueda llevarse a cabo. Desde finales de Marzo se prohibió el regreso a clases, cerraron escuelas y universidades. Los maestros terminaron enviando el trabajo y tarea en línea para que el alumnado desde casa las hiciera, ambos saben (el profesor y el alumno) que estar aprendiendo desde casa no se puede comparar al presencial porque se necesita de alguien de carne y hueso en los temas complejos para el alumno, en algunos casos se han podido observar que solo el profesor mandaba tareas, y no es así, el profesor también debe explicar y aclarar dudas de lo que es difícil comprender, y se observa mucho en la universidad donde es un ambiente más "sucio" comparado a los demás niveles educativos. Ayudas básicas que tenía el alumno de bajos recursos y que gracias al confinamiento no va a poder obtener como por ejemplo, los comedores escolares, el psicólogo, el apoyo emocional por pate del profesor y amigos.

Lo que sí se puede observar en la educación Mexicana, es que hubo más empatía y paciencia, para tratar tanto con aquellos alumnos que les cuesta mucho (los que se quejaban del exceso de trabajo y tareas, la falta de internet en sus casas, el pensamiento de no hacer ninguna actividad ya que de igual forma serían aprobados y padres de familia que cuando empezó el confinamiento no se tenía comunicación con ellos y menos con el alumno) como para los que siempre quieren más (los que exigían que se les explicara el tema, exigencias al profesor porque no hacía nada, protestas en contra de las clases en línea). Maestras de primaria crearon días como el "peinado loco"; donde los padres de familia les harían un peinado loco, el "día de pijama"; donde estarían el día con la pijama que más les guste entre muchos otros días. Y todo eso con el objetivo de que los niños se relajaran por el encierro.

No todos los profesores son pacientes y empáticos, los grados de preparatoria y universidad es donde más se observa los malos profesores, en México existen las horas libres debido a que el profesor no asistió a la clase, que no saben explicar y solamente calientan el asiento, que dejan trabajos y actividades sin preguntar si entendemos, etc. ¿Tú crees que las clases en línea de estos profesores serán optimas? Un profesor de la carrera una vez me dijo: "Yo no les voy a enseñar a ustedes, porque solo así tendré más pacientes que atender y aprendedle como puedan"

El profesor es de las carreras más complejas, se necesitan de muchos valores, de una alta creatividad y empatía para que el alumno sea capaz de decir "Si aprendo" y tristemente son muy mal pagados. ¿Sera esa la razón de los malos profesores?

El tecnológico de Monterrey es una universidad que elaboro una investigación muy detallada sobre las afectaciones a la educación en México gracias al COVID – 19. De todo lo publicado se marcó algo sumamente muy fuerte.

"Cuando uno junta los factores de problemas de infraestructura, de capacitación de los docentes, de la adaptación de los materiales de su enseñanza satisfactoria a través de la forma remota; uno empieza a observar cómo lamentablemente el sistema educativo no está preparado para enfrentar una contingencia que implica el cierre total de las escuelas en nuestro país".[30]

No es de espantarnos si el siguiente año se observen más reprobados que de costumbre, no aprendan más rápido, no recuerden con más facilidad las cosas y tengan falta de conocimientos. Porque no es al

100% culpa de ellos, es una parte por el confinamiento, es claro que no todos los alumnos son iguales, influyen las aptitudes, el estatus económico, discapacidades, rezagos educativos y por eso afectara de diferentes maneras a los alumnos. Los impactos a mediano y largo plazo aún no se advierten con toda claridad pero debemos estar alerta a lo que se venga.

¿Qué se está haciendo?

Los países están reaccionando con gran rapidez para que la educación en México no valla en declive y no se pueda volver a levantar, están tratando de mitigar el daño y ver con buenos ojos lo que viene, pensando que es una oportunidad de innovar y mejorar muchísimo más la educación. No repetir lo mismo porque necesitamos crear estrategias que funcionen en nuestro país. Pero hay estrategias que diversos países han implementado y que hasta el día de hoy están funcionando, ¿nos pueden servir a nosotros? Los países de Dinamarca y Noruega son los primeros países europeos en reabrir colegios, se crearon algunos hábitos como lavarse las manos cada 2 horas, limpiar antes y después de las clases las puertas, materiales de trabajo, baños y salones. Horarios escalonados donde por salón estarán de 10 a 15 alumnos con distancia en cada pupitre. Pero en Latinoamérica, el país de Uruguay es el único en regresar a clases, donde no se han registrado en un mes contagios en las escuelas. Un orgullo.

La Secretaria de Educación Publica (SEP) en principios de abril se llevó a cabo el programa de Aprender en Casa" con el objetivo de que se pudiera finalizar el ciclo escolar que le faltaba 3 meses y medio. Este programa contemplo el uso de aplicaciones computacionales y móviles, como lo fue *Google Classroom, Edmodo y Zoom*, las herramientas para la educación de Google fueron las que más se implementaron. A los profesores mexicanos se les hicieron transmisiones en vivo por *YouTube* para enseñarles a ocupar esa plataforma, los comunicadores de la transmisión tenían paciencia y respondieron dudas sobre la aplicación. También se llevó una estrategia y fue la educación a través de los canales de televisión de los Estados, el profesor ve esta medida como una buena opción, sin embargo, el alcance es poco.

"Me parece que es una medida que es necesaria pero no suficiente, hasta ahorita la difusión de estas clases es a partir de los canales del Estado, los cuales tienen una cobertura del 50 por ciento en el territorio nacional, este es el primer reto."[30]

La estrategia funciono pero le faltó más alcance, pasaban en el canal Once niños, donde se tenían que levantar temprano los niños de preescolar ya que de 7:00 a 9:00 a.m. empezaba la transmisión, 9:00 a 11:00 a.m. los de 1ro a 3ro de primaria y por ultimo tenían de 11:00 a.m. a 1:00 p.m. de 4to a 6to de primaria. El plan que se tenía para el regreso a las clases presenciales estaba previsto para el 1 de junio del año 2020 donde habría una retroalimentación de los temas en mes y medio y acabaría el ciclo escolar el 15 de Julio. Pero no ocurrió debido a que el aumento de contagios seguía, en nuestro país y se siguió con el plan de clases en línea pero ¿Cómo van a evaluar a los niños? ¿Los exámenes finales? Todas esas preguntas se resolvieron con: "Se concluye el ciclo. Todos los niños pasan al siguiente grado automáticamente". Pero ¿Los exámenes de admisión para preparatorias y universidades? Muchas universidades públicas lo pospusieron hasta nuevo aviso y las privadas han permitido a los aspirantes a nuevo ingreso realizar un trámite en línea sin presentar examen de admisión.

"En Baja California Sur por parte del secretario de educación, Héctor Jiménez Márquez. Reiteró que de acuerdo a la SEP federal el próximo inicio de clases se mantiene para el mes de septiembre, por lo que es necesario aplicar el examen de ingreso a los estudiantes en el mes de agosto. Siempre y cuando el semáforo este en verde"[31] (Noticia del 7 de Junio del año 2020). Son millones de estudiantes que quieren estudiar la licenciatura y muchos son los que no terminan siendo admitidos, no es de sorprender si hay un aumento de aspirantes no seleccionados.

El lunes 3 de Agosto se ha declarado que aunque el inicio del nuevo ciclo escolar está previsto para el próximo 24 del mismo mes a distancia, pero que "el regreso se dará dependiendo del semáforo epidemiológico de cada entidad."[32] Además, el gobierno hizo un acuerdo con las televisoras mexicanas para transmitir clases en línea ¿Esto servirá? el profesorado no está preparado para la enseñanza a distancia, eso lo sabemos. ¿Pero el alumno si?

Protocolos, Planes y Emergencias Sanitarias.

En caso de regresar a los niños y jóvenes a la escuela se llevaran a cabo protocolos muy estrictos, donde poco a poco nos tenemos que ir a acostumbrando a la "nueva normalidad". Esto hasta que no haya una cura o un medicamento capaz de inactivar el virus.

Tienen la mayoría de estudiantes y alumnos el miedo a que se contagien y que ellos propaguen a sus conocidos y familiares más vulnerables, pero tenemos que reactivar la economía si no estaríamos en más pésimas condiciones es por ello que La Secretaria de Educación Publica está llevando a cabo protocolos para cuando llegue el regreso a clases presencial.

Se creó el protocolo "Yo Cuido del Otro" que está conformado por una serie de puntos llamados intervenciones.

1ra Intervención: Creación jornadas donde se van a sanitizar toda los salones y material escolar.

Habrá 3 filtros de corresponsabilidad: donde la casa, escuela y el salón de clases, donde los padres de familia tienen que poner de su parte para que no pase alguna situación de gravedad, tendrán que educar bien a sus hijos respecto al tema, el saludo de corazón, cubrirse al estornudar, caminar en un solo sentido, avisarles que no es un juego y que no es como antes. Así que si tú eres padre de familia por favor foméntalo, para que en el futuro logremos ser mejores ¿ok?

Los padres de familia deberán enviar una declaración donde se asegura que no hay nadie enfermo de Covid-19 en la familia. No mentir, si hay algún enfermo lo entenderemos. Todo esto consiste en erradicar lo más pronto la pandemia.

Habrá un entrenamiento formal para los profesores a cargo de la SSA.

2da Intervención: Garantizar el acceso a jabón y agua, o gel antibacterial, donde la verdad aclaro que los baños de las escuelas (he ido en públicas y privadas) siempre han sido sucios y era un día de sorprenderse el ver jabón en ellos, yo por mi parte llevaba gel antibacterial y jabón.

3ra Intervención: Dar un cuidado a las maestras y maestros en grupos de riesgo, (aquellos que padezcan enfermedades del corazón, diabetes, VIH o SIDA, Cáncer, Adultos Mayores) es por ello que deberán presentar su historial clínico demostrando que esa enfermedad padecen.

4ta Intervención: Uso de cubrebocas obligatorio, donde se les aplicara una sanción al que no lo porte.

5ta Intervención: Mantener la sana distancia en entradas y salidas, recreos escalonados, lugares fijos y asistencia alternada a la escuela por apellido durante un curso remedial.

6ta Intervención: Maximizar el uso de espacios abiertos con el fin de estar alerta a todo.

7ma Intervención: Suspensión de ceremonias cívicas, reuniones y festejos. Con el objetivo de no desarrollar un ambiente no regulado.

8va Intervención: Si hay un profesor o alumno enfermo de COVID – 19 se suspenderán las clases presenciales.

9na Intervención: Apoyo socio-emocional para docentes y alumnos, para estar alegres de que hay esperanza y no temerles a los compañeros de clase

"Solo se regresara a clase cuando el estado se encuentre en semáforo verde" lo aclara Esteban Moctezuma, Secretario de Educación de la república Mexicana.

La venta de Comida Chatarra a Menores

El coronavirus es más propenso a volverse una enfermedad grave en los niños si sufren problemas de peso y talla, por lo tanto el día 6 de Agosto del 2020 el estado de Oaxaca en México se convirtió en el primer estado en prohibir la venta, donación y regalo de comida chatarra, reformando el artículo 20 bis de la Ley de los Derechos de Niñas, Niños y Adolescentes del Estado de Oaxaca. Esto se planea como iniciativa para resolver los problemas de salud en México y la presencia de estos alimentos da a futuro problemas de diabetes, sobrepeso y obesidad. Tabasco y Puebla están en progreso.

Expedición de cédulas

"Los servicios en línea de la SEP han permitido que se mantenga la expedición de cédulas profesionales, luego de que fue necesario cerrar la atención presencial debido a la contingencia sanitaria. La Subsecretaría de Educación Superior informó que, del 1 de marzo al 24 de julio, se emitieron 93 mil 47 cédulas profesionales mediante la aplicación de dos procedimientos. Uno de ellos se ha logrado a través del Sistema Electrónico de Expedición de Cédulas, aplicable a los títulos emitidos a partir de octubre de 2018."[33]

Acostumbrarse al cubrebocas.

"El aprendizaje en el uso del cubrebocas no debe de ser "lo uso para protegerme", sino para proteger a los demás, por lo que la SEP será muy cuidadosa en el protocolo de regreso a clases en la Nueva Normalidad"[34]

Es de uso obligatorio (pero no lo hace la mayoría, yo lo llamo "cegados") ir a la calle con el cubrebocas debido a que se transmite mayormente la enfermedad por saliva, no estamos acostumbrados a estar alrededor de 4 a 6 horas con el cubrebocas haciendo nuestras actividades laborales. Si lo planteamos en un niño de 6 de 12 años puede resultarle molesto; dando problemas de hiperactividad, miedo; y eso es debido a que se cubren una parte de la cara y los niños tienen confianza al ver el rostro de la persona, enojo; porque la situación lo requiere y muchas otras emociones. Es por ello que mucha gente está creando cubrebocas con dibujos infantiles y figuras para que poco a poco le guste.

"La enseñanza que deja huella no es la que se hace de cabeza a cabeza, sino de corazón a corazón"

-    Howard G. Hendricks

Ambiental

"Si supiera que el mundo se acabara mañana, yo, hoy todavía, plantaría un árbol"

-    Martin Luther King

No es casualidad que las personas al momento de quedarse en casa disminuya la interacción con el ambiente, donde los seres humanos ya no hacen las mismas actividades cotidianas y se ven llevados a sobrevivir como se puede. Esto para nosotros es un caos, sin embargo nuestra madre Gaia tiene un respiro, donde la naturaleza está tomando de las orejas al gobierno y pide a gritos un cambio, y si no le hacemos caso el problema será irremediable. Muchas cosas se han vuelto virales en el aspecto ambiental, tenemos lo que sucedió en los canales de Venecia, las imágenes satelitales de China, canguros saltando en calles de Australia queriendo conquistar el territorio robado por el humano, menos ruido sísmico ambiental gracias a la ausencia del transporte público y privado, y todo esto ocurrió como por arte de magia. Y sin embargo México no quedo atrás, en Acapulco apareció una ballena.

Una investigación de la Universidad de Carolina del Norte donde sus autores Jonathan Ciencewicki e Ilona Jaspers dice: "A pesar de las regulaciones actuales, que limitan los niveles de ciertos contaminantes del aire, todavía hay una serie de efectos adversos para la salud que resultan de la exposición a estos agentes. Numerosos estudios epidemiológicos han observado una asociación entre los niveles de contaminación del aire y los ingresos hospitalarios por una variedad de diferentes razones de salud, incluidas una serie de enfermedades respiratorias, así como un aumento de la morbilidad y mortalidad asociadas con diversas afecciones y enfermedades respiratorias."[35]

Se sabe muy bien que mientras más contaminación en el aire se exista, más daño al sistema respiratorio padecerán las personas, dando un resultado a las enfermedades como el asma, EPOC, Cáncer Pulmonar y enfermedades cardiovasculares.

Podemos hablar de la investigación sobre el PM 0.1; que son partículas finas que nosotros respiramos, el carbono negro; que los transportes y la maquinaria pesada produce debido a una combustión incompleta de biomasa, diésel y biocombustibles provocando un calentamiento atmosférico. Todo esto daña al sistema inmune por el déficit de desarrollar a los macrófagos y crear una respuesta inmune. Pero gracias a la pandemia las emisiones de monóxido de carbono han disminuido un 25% en China y 50% en las ciudades afectadas por el virus. *Carbon Brief* es un sitio web del Reino Unido que se dedica a mejorar la comprensión del cambio climático y señala que se reducirán unos 2.000 millones de toneladas de CO_2, es decir, un 5% de los gases emitidos en 2019. Este año se preveía un aumento de emisiones del 1% pero a día de hoy esto es incierto.

"Esta disminución sería la mayor de la historia desde que existen registros. Hasta ahora la más grande fue de 845 millones de toneladas (1944 - 1945, durante la Segunda Guerra Mundial), siguiendo la gripe española (1918 - 1919), la crisis del petróleo de los años 70 y la crisis financiera de 2008-09."[36] Es por ello que es una buena noticia tanto para el planeta como para los humanos, se reduce el contaminante, el riesgo a enfermarnos más seguido y al de seguir brillando.

Pero desgraciadamente nada es duradero ya que "Cuando se levanten las medidas de confinamiento y la vida vuelva a desarrollarse como solía hacerlo, ocurrirá lo mismo con la contaminación que ensombrece los cielos y, junto con ella, los gases de efecto invernadero que contribuyen al calentamiento global".[37]

A pesar de que hemos observado que el agua y el aire se han purificado más que antes, también se puede apreciar un incremento de plástico debido a la utilización de equipo médico como es el guante esterilizado, botas quirúrgicas, caretas y cubrebocas, dando como resultado que los residuos médicos se multipliquen hasta 4 veces lo normal. Asturias ya empezó a hablar sobre este problema y afirma una estimación de unas 185 toneladas durante el mes de abril.

"En concreto, prevén que durante este mes se recojan y traten unas 185 toneladas de desechos hospitalarios, pero que el horno del vertedero de Serín cuenta aún con capacidad para tratar un 35% más de este tipo de residuos. El aumento de estos residuos supone un coste adicional de 100.000 euros al mes que, según Cofiño (vicepresidente del Gobierno y consejero de Infraestructuras, Medio Ambiente y Cambio Climático) ha decidido asumir, según informa Efe."[38]

Y no solo hay más basura en el ámbito médico, sino también en lo domestico. La compra de cubrebocas, instrumentos de limpieza, bolsas desechables, botellas de agua, recipientes para enviar comida a domicilio o embalajes del comercio por internet, están trayendo muchos problemas ambientales.

Los negocios no se han quedado atrás porque los bancos, tiendas, puestos de comida, supermercados, carnicerías entre muchos otros más se están preparando para evitar el contacto entre personas y mantener las distancias de seguridad, utilizando mamparas, cubículos o bastidores; creados de materiales como cristal, acrílico, plexiglás, plástico y en casos extremos el mismo negocio lo construye con lo que se pueda. Y cuándo todo esto acabe (si es que sucede) ¿se tirara a la basura? ¿Habrá más contaminación? Lo más probable es que sí, tristemente el plástico se está produciendo en altas cantidades gracias a la reducción del costo del petróleo y ya se hace notar el impacto que ocasiona. Hay un video[39] del autor *Gary Stockes* que se hizo viral debido a que en los océanos de Asia podemos encontrar cubrebocas y demás material médico esparcido, la organización *Operation Mer Propre* nos muestra de igual forma como en el mar se encuentran cubrebocas y mascarillas en la costa sur del mar mediterráneo.

"¿Qué opinas sobre nadar con el Covid-19 este verano?", señala Laurent Lombard fundador de la ONG. "Sabiendo que se han perdido más de 2 mil millones de máscaras desechables, ¡pronto habrá más mascarillas que medusas en el Mediterráneo!"[40]… Quién diría que el mundo nos obligaría a volver al plástico cuando estábamos combatiendo contra él.

¿Qué se está haciendo?

El calentamiento global causa la destrucción del mundo natural. La agricultura, minería, extracción de petróleo y los gases del ganado que estos animales producen deben de acabar. Es por ello que se está buscando tan siquiera una reducción en los daños ambientales y alternativas más ecológicas.

Los "mercados mojados" o "húmedos" son lugares donde se venden animales vivos, no en todos los mercados mojados necesariamente se encuentran animales salvajes o exóticos y son comunes en muchos países, no solamente China. En México existen estos mercados, principalmente en lugares rurales, donde muchas familias dependen de la agricultura y del ganado para subsistir. En ellos se venden los guajolotes, lechones, borregos y hasta vacas. No hay salubridad en esos mercados y es allí donde **se** mezclan múltiples especies, incluidos los humanos. Es por ello que se cree que el COVID-19 pudo haberse desarrollado en el mercado de Huanan, donde se vendía carne de 112 animales diferentes, desde ratas hasta koalas.

"La presencia de un gran reservorio de virus tipo Sars-CoV en murciélagos de herradura, junto con la cultura de comer mamíferos exóticos en el sur de China, era una bomba de relojería".[41]

Las autoridades van a poner fin a los mercados de animales vivos, porque es un "tazón ideal" para la enfermedad, al momento de tener interacciones con animales es probable que muchos de ellos alberguen virus y bacterias, un ejemplo son los gatos que pueden transportar cientos de ellos y los virus pueden mutar en nuestro organismo (he ahí la razón de la Toxoplasmosis). Al momento de explotar una región y/o urbanizar se pierde el hábitat de algunos animales, si son depredadores el ser humano lo erradicará para que no cause problemas, pero si el depredador se extingue o hay un número muy chico de ellos la población de roedores crecerá causando enfermedades zoonóticas (enfermedad que puede transmitirse entre animales y seres humanos).

El gobierno de México hizo un acuerdo con la OPEP de reducir su producción de petróleo con el objetivo de ayudar mejorar el precio internacional del hidrocarburo y la economía mundial. También abandonó la meta de producir 2.4 millones de barriles de petróleo a 2.2 millones para 2024.

También debemos cuestionarnos el posible riesgo ambiental de algunos procesos como la quema excesiva de basura que si no se trabaja en condiciones óptimas crearemos un elevado contenido en emisiones de compuestos cancerígenos como las dioxinas y los furanos, poniendo en riesgo las metas de reciclaje y apuntando a que este año será uno de los peores, por no decir el peor.

El acuerdo de Paris es considerado por muchos como el logro ambiental más importante de la historia por su alcance global y sus objetivos a largo plazo, consiste en hacer todo lo posible para que la temperatura global del planeta no suba por encima de 1,5 ºC a finales de siglo y reducir las emisiones de carbono. A pesar de eso el Marco global para la biodiversidad post-2020 que busca proteger la naturaleza durante los próximos 10 años está prevista entre el 15 y el 28 de octubre de 2020, durante la COP15, en Kunming, China. Sin embargo, países como Estados Unidos, Nicaragua y Siria se están saliendo del acuerdo de Paris porque se quieren enfocar más a su economía debido a los daños del COVID-19.

Los principales científicos afirman que el Covid-19 fue un "claro disparo de advertencia", dado que existían muchas más enfermedades mortales (ebola, nipah, marburgo, gripe aviar) y nosotros lo que hicimos fue "jugar con fuego". Debemos de reflexionar también sobre otros impactos ambientales, antes de empezar la cuarentena se pudo observar un gran incendio en Australia, plagas de langostas en Kenia, brotes de nuevas enfermedades, claramente el mundo nos estaba enviando un mensaje, Gaia nos decía a gritos que no se sentía bien.

La naturaleza nos está enviando un mensaje muy claro, que si no empezamos a cambiar nuestros hábitos y empezar a educar desde un inicio a las demás generaciones, nos extinguiremos todos. Nosotros los humanos fuimos los únicos en colapsarla, explotarla y generar presión en ella. ¿No te arrepientes de no separar la basura? ¿Utilizar plástico en las fiestas? ¿Tirar la basura en la calle? ¿No limpiar tu área de trabajo? ¿Gastar agua de más al bañarte o lavar los platos? Necesitamos educar ambientalmente y poner el ejemplo a las demás generaciones.

"La tierra provee lo suficiente para satisfacer las necesidades de cada hombre, pero no la avaricia de cada hombre"

-    Mahatma Gandhi

Espiritual y Religión

"La Religión es algo verdadero para pobres, falso para sabios, y útil para dirigentes"

-   Seneca

Hablar de temas "delicados" es muy difícil para el autor porque él puede jugar con la mente del lector y hacer que por un día esa persona ya no vea el tema como algo delicado. Pero yo no estoy para eso, solo quiero que veas como ha influido una pandemia en las personas espiritualmente y tú darás el veredicto final.

Por primera vez en la historia las sinagogas, mezquitas, iglesias y templos fueron cerradas por primera vez, no hubo cultos, rezos, misas y celebraciones religiosas. El coronavirus se ha convertido en una cuestión religiosa, ¿Es un castigo divino? ¿Una pandemia como la que estamos viviendo fortalece o debilita la fe? ¿Tuvo misericordia nuestro ser omnipotente al que creemos? ¿Es solo el inicio del apocalipsis? ¿Ya viene el gran supremo? ¿Qué ocurre con la fe en estos contextos?

El coronavirus hizo una pausa en los actos religiosos a finales de marzo. El pesaj o la pascua judía que es una festividad judía donde se conmemora la liberación del pueblo hebreo de la esclavitud de Egipto. Los cristianos que inician la Santa Cena en la que es una semana de oración y alabar a dios, donde el último día se come el pan y el vino. Los musulmanes empiezan el Ramadán en que es un mes de ayunos, oraciones, reflexiones. Los católicos celebran una semana donde cada día se hace algo específico y especial como el domingo de ramos, jueves, viernes y sábado santo y por último el domingo de pascua. Todos esos días conmemorativos la mayoría fueron pausados, cancelados, pero en algunos lugares se opusieron y lo terminaron ejecutando.

Los puntos de reunión religiosos y espirituales en México subsisten la mayoría por las ofrendas, diezmos y primicias, pero se han reducido muy gravemente ya que no están laborando presencialmente, la religión se está volviendo más digital, los obreros y líderes espirituales están ofreciendo culto a través de transmisiones en vivo donde algunas realizaron recaudaciones, donaciones y oración a los enfermos. En la televisión de paga podemos encontrar algunos canales religiosos donde transmiten el mensaje de Dios, la religión este año necesita dar mucho consuelo, más cercanía, más amor. Pero en esta pandemia hemos visto de todo.

Si bien la mayoría de los ministros o líderes de las religiones obedecieron la ley y hasta apoyaron al gobierno para erradicar lo más pronto posible la enfermedad, pocos fueron los insensatos de no hacer caso a la ley, haciendo sus actividades como si nada estuviese pasando. Decían que ir al templo da alivio, que la Fe es superior a cualquier enfermedad, que el gobierno estaba equivocado en cerrar los centros religiosos, etc. Pero es un hecho que hay un peligro epidemiológico en las aglomeraciones que generan los fieles y devotos.

"Una de las cosas que destacan la mayoría de las religiones es que primero hay que velar por los más vulnerables en una comunidad, salvar las vidas de otros es una prioridad"[42] y es cierto, pero les está costando a las iglesias de México en mantener a sus creyentes cerca por medio de internet, radio o periódico.

El Papa Francisco tuvo el gesto de donar 30 respiradores, existió un "Robín Hood" del Vaticano que regalaba alimentos a los que viven en la calle al menos dos veces por semana, el líder Budista Sayadaw

de Sitagu donó 10,000 dólares a las comunidades afectadas, los acto-
res, artistas, deportistas, figuras públicas, funcionarios, fundaciones,
otras religiones e incluso personas cualquiera, han donado o recolec-
tado a la causa.

En México varias empresas realizaron donaciones, un ejemplo es la
empresa de artículos deportivos *VOIT* realizo donaciones de material
médico, el Grupo Modelo donará al gobierno federal 300,000 botes
de gel antibacterial, "Grupo Carso y Fundación Carlos Slim realizan
acciones en apoyo a toda la población, ante la emergencia sanitaria
provocada por el COVID-19"[43] destinará mil millones de pesos en
acciones de Salud y Educación a Distancia, C&A México realizará la
donación de 55,000 cubrebocas para dos instituciones de salud del
país, entre muchas otras empresas. La página de *Valor Compartido*
tiene una enorme lista[44] donde están todos los sectores que se suman
a la batalla, son muchísimas empresas, universidades y científicos
que han estado aportando su granito de arena para que los más vulnerables puedan estar bien. ¿La religión que tiene que ver aquí? Pues
la religión tiene un papel importante, el de brindar seguridad y decir
que son obras de dios.

En el 2016 RIFREM (Red de Investigadores del Fenómeno Reli-
gioso) realizaron una encuesta que revela algunos datos muy suge-
rentes. Primero confirma que: "México es un país de pertenencia a
religiones: 95.1% se adscribe a alguna de ellas. Pero la manera de
vivir la experiencia religiosa tiene sus particularidades. Ese elevado
porcentaje no implica monolitismo: 10.4% afirma que ha cambiado
de religión."[45]

Pero el lado triste de todo ello es que el número de creyentes en México puede ir a la baja, aumentar los ateos y los cambios de religión debido a la interrupción de las actividades cotidianas, la cancelación de proyectos, desempleo, suspensión de eventos de entretenimiento y el encierro en las casas aumentaron pero también afectaron en gran medida a la Fe. Los humanos buscamos la culpa en algo o alguien, se pueden escuchar comentarios de que es por la ira de dios, que es un plan del diablo para para alejarnos de la iglesia, y su función no es diferente a las teorías conspirativas que nosotros nos planteamos. Las comunicaciones aumentaron y con ello las que son blasfemicas, satíricas y que tratan de ridiculizar a las religiones en sus publicaciones y comentarios, que al final hacen mal al receptor que tiene tanto una Fe engrandecida como al que la tiene por los suelos, y lo peor es que deja marcada una reflexión sobre la creencia y lo fiel que es uno con su religión, fortaleciendo muy pocas veces la unión de hermandad, empatía y amor con sus semejantes. Lo triste es que para algunos las religiones en vez de unir a las personas, las termina separando.

El número de creyentes va a la baja, no porque no crean, si no es porque se están volviendo cada vez más débiles las instituciones que se encontraban desde hace siglos, y al final terminan creyendo en otras cosas; en la estática y dinámica, la partícula de dios, en el COVID, o incluso hay un retroceso a aquellas religiones que muy pocas veces se recuerdan, como los aztecas y mayas. Las clases que son altas y privilegiadas se habían olvidado también de que en algún momento pueden perecer, los más "cegados" podrían creer en que solo los pobres les sucedían esas cosas pero todos somos frágiles y nos podemos enfermar.

Por el momento solo podemos pronosticar sobre qué sucederá después de la pandemia, la religión no tiene todos los medios del mundo para decirnos: "Dios se enojó con nosotros, hay que alabarle por la misericordia que tuvo con nosotros". Al final, cuando todo esto acabe, unos le darán gracias a dios, otros a la ciencia, pero con la mentalidad de que la religión y la Fe también cierran o abren puertas.

¿Qué se está haciendo?

Como se menciona anteriormente, la religión y la Fe se necesitan más que nunca, la iglesia tiene un papel relevante en esta crisis, y debe de utilizar todos sus medios para que se mantengan sus creyentes, las religiones más grandes mueven multitudes, harán consuelo a las personas que lo necesiten y no hay nada mejor que decirle a su gente que siga las medidas de prevención y poner el ejemplo.

Las iglesias y templos en México abrirán el 20 de Julio (se supone) dependiendo de su semáforo epidemiológico del que mencionamos en anteriores capítulos, pero la Arquidiócesis revelo que para sus iglesias sería el día 26 de Julio cuando empiece la apertura. Durante la fase naranja del semáforo epidemiológico las iglesias y templos se utilizaran únicamente con el 30% de capacidad, uso de cubrebocas obligatorio, toma de temperatura, otorgar gel antibacterial, tapete sanitizante en todas las entradas y salidas, distancia de 1.5 metros entre cada persona, omitir los saludos de mano, las reuniones deberán ser breves y no más de 60 minutos y terminando el culto o la misa deberán los encargados de la iglesia limpiar los asientos y objetos de mucho contacto humano. Si quieren saber más de esto el gobierno de Jalisco elaboro un "Protocolo de acción para iglesias ante COVID-

19"[46] que no cambia a los que otros estados han elaborado. A las personas adultas de 60 años y personas que padezcan de enfermedades crónicas/degenerativas se les pide no asistir todavía hasta que el semáforo este en verde, se seguirán transmitiendo los cultos o misas por internet.

"La religión está en el corazón y no en las rodillas"

-   Douglas William Jerrold

Hospitales y Farmacias

"El deseo de tomar medicamentos es quizá la característica más importante que distingue al hombre de los animales"

-   William Osler

El virus parece que entiende de clases, en las colonias pobres es donde más se ha sufrido despidos de trabajo, pagos desde 20,000 a 2,000,000 de pesos solo para internarte en un hospital, remate de autos y casas para pagar impuestos y préstamos que exceden los 3 millones de pesos. Todas estas cifras son mencionadas por notas periodísticas que puedes encontrar en la red y en algunas son más grandes las cantidades dependiendo del estado. El acceso de un paciente a la atención médica por COVID-19 es cada día más difícil en el sector público, y en el privado los costos son inaccesibles.

"La sola aplicación de una prueba para detectar el virus marca la diferencia. Es gratis en una institución de gobierno, pero cuesta 1,250 pesos en hospitales de Salud Digna y de hasta 3,950 pesos en hospitales privados como Médica Sur."[47]. Mucha gente no se quedó callada, muchos por medio de las redes sociales reclamaron las injusticias y los cobros elevados por padecer coronavirus, "El 89% de las reclamaciones de reembolso y los pagos hechos por gastos hospitalarios se concentran en nueve entidades: Ciudad de México (362 casos), Estado de México (59), Puebla (42), Baja California Norte (40), Nuevo León (35), Chihuahua (29), Sinaloa (26), Quintana Roo (16) y Jalisco (13). La mayoría de ellas, 6 de cada 10, fueron hechas por personas de entre 30 y 59 años"[48].

Si, son pagos demasiado excesivos, y mucho más cuando la economía mexicana tendrá una contracción de 10.5 % en PIB pero en parte se están jugando la vida varios médicos y enfermeras, la dualidad en esto es muy grande así que no quiero meterme en esto.

Por otro lado tenemos algunas farmacias que permanecen abiertas y dando servicio en esta emergencia sanitaria y obviamente están haciendo sus labores de trabajo siguiendo el protocolo de prevención, porque se conoce que las farmacias son también puntos de contagio. Estas se encuentran en una de las mejores épocas económicas de las que han tenido, han triplicado su producción para afrontar la pandemia de COVID-19, la Cámara Nacional de la Industria Farmacéutica (CANIFARMA) que brinda regulación sanitaria, medicamentos de uso humano, medicamentos de uso veterinario, investigación e innovación farmacéutica, y dispositivos médicos. En medio de la crisis, "el representante de Canifarma previó un crecimiento del sector de hasta 7% en México, siendo el octavo productor de equipo médico a nivel mundial y el primero en Latinoamérica, con una inversión anual promedio de 38,000 millones de pesos (USD 1,670 millones)"[49].

Desgraciadamente la realidad es otra, hay desabasto de medicamentos y equipo médico en esta cuarentena. "Los pacientes de VIH, diabetes, cáncer, hipertensión y lupus son los más afectados por la falta de las medicinas en las clínicas y hospitales del Instituto Mexicano del Seguro Social (IMSS), que registra 54% de los reportes por desabasto; el Instituto de Seguridad y Servicios Sociales de los Trabajadores del Estado (ISSSTE), con 30.5%; el Instituto de Salud para el Bienestar (INSABI), con 9%; Pemex, con 1.7%, y otros, con 4.8 por ciento"[50]. Y no solo las enfermedades mencionadas, las medicinas que están recetando al paciente con COVID-19 es muy difícil encontrarlas, buscando la compra en hospitales públicos, privados, farmacias, redes sociales y tal fue la desesperación que buscaron las distribuidoras de Mexico como Nadro y Marzam.

"Así lo indica el estudio realizado por Nosotrxs, que estableció un semáforo con Cero Desabasto sobre la situación que prevalece en todo el país, en el que destacan en rojo la Ciudad de México, el Estado de México, Jalisco, Nuevo León y Querétaro por el nivel de desabasto; mientras que otros 15 estados están en riesgo de pasar a ese nivel" [50].

Desabasto

Los motivos por el desabasto de medicinas son muy claros, por un lado tenemos que es debido a que las personas buscan prevenirse y tener todo a la mano cuando sea necesario, otro motivo es el Confinamiento porque hubo cierres, clausuras y quiebras de los laboratorios, mala distribución de alimentos, falta de atención primaria, el aumento de casos confirmados y el temporizador que tienen las personas que padecen enfermedades crónicas. Pero también es de reconocer que está ligado una parte a la ineficiencia y corrupción.

"El problema está sobre todo en el día a día, las enfermedades crónicas, las personas que viven con cáncer, hipertensión. No es una crisis fuera de la común, pero no están teniendo acceso a los medicamentos y digamos que es una violación a los derechos, de ahí que emana esta iniciativa, más allá del Coronavirus" [51], menciona Andrés Castañeda Prado que es el coordinador del programa Cero Desabasto.

Hubo desabastos en Oxímetros, termómetros, redoxon, paracetamol, ivermectina, aderogyl, nebulizadores, hidroxicloroquina, aspirina, ibuprofeno, enoxaparina, oseltamivir, entre muchos otros. Lo peor es que también hubo un aumento en todo producto farmacéutico, el Índice Nacional de Precios al Consumidor (INPC) hizo publicación de una información acerca de los costos de salud en Junio 2020.

"En Querétaro fue donde más se disparó el precio del botiquín, 50.4% en junio frente al mismo mes del año pasado. Le siguió Tabasco, con 47.9%, y Durango, con 36%, indica la cotización del INEGI de material de curación, cuya lista incluye alcohol, algodón, jeringas, gasas y nueve productos más. Los antibióticos también reportaron importantes alzas, siendo Nayarit la entidad más afectada, con alza de 19%; continuando con Estado de México, donde se elevaron 17.8%, y Morelos, con 13.5%. Los analgésicos subieron más en Guanajuato, 15.2%; en segundo sitio aparece Yucatán, con 14.2%, y en tercero Sinaloa, con 13.5%. Con la mayor población del país, el Estado de México registró el aumento más pronunciado en medicamentos para diabetes, 20.6%. En Campeche se encarecieron más los antiinflamatorios, 14.7%, y en Tabasco donde principalmente lo hicieron los antigripales, 14%."[52].

Huachicoleo de Medicamentos

En México, se llama "huachicolero" a la persona que se dedica al robo y venta ilegal de combustible (gasolina o diésel) y bebidas alcohólicas adulteradas. Pero los medios de comunicación también utilizan la palabra hacia el robo y venta ilegal de medicamentos.

"El senador Armando Guadiana, lamentó y condenó la indiferencia que se ha tenido con la Comisión Federal para la Protección contra Riesgos Sanitarios (Cofepris), desde que inició la contingencia sanitaria por el COVID- 19 ha emitido cinco alertas sanitarias por robo de medicamentos para tratar diabetes, cáncer, VIH, epilepsia y de uso oftálmico a nivel nacional sin obtener ninguna respuesta"[53]. Es triste que la economía se encuentra en números bajos y todavía halla robos, pero más triste es que el gobierno "no haga nada" para erradicarlo y un senador manifieste su queja.

Esto no es un problema nuevo, siempre ha estado el robo de medicamentos y muerte de empleados de las distribuidoras de Nadro y Marzam, podemos ver el caso del 2018 donde en la carretera de cuota a México, en jurisdicción de Asunción Nochixtlán mataron a un distribuidor de la empresa Nadro junto con el guardia, otro ejemplo es el de 2019 donde las clínicas de Torreón se hacían recetas apócrifas creando un daño patrimonial al IMSS aproximado de 300 millones de pesos y otro ejemplo es el de 2020 donde 4 sujetos habrían interceptado al conductor de un vehículo de la empresa Marzam, para robar la mercancía que transportaba. Así como los casos mencionados hay muchísimos y tanto la propia delincuencia como los que se encuentran dentro del sector hacen actos ilícitos para obtener medicamentos.

¿Tratamiento?

El coronavirus al entrar en el sistema de una persona busca multiplicarse y para ello entra en la célula del alveolo pulmonar a través de un receptor que se llama ECAII, cuando se inicia la unión de ambos (el virus y el ECAII) mata la célula alveolar, a diferencia de la neumonía que es una infección que inflama los alveolos de material purulento. El coronavirus produce: fiebre (83% de pronostico), tos (82%), dificultad respiratoria (30%), neumonía bilateral (75%), neumonía unilateral (25%).

Los pacientes varones poseen más receptores ECAII que las mujeres y el hecho de que tengan más receptores no necesariamente se traduce clínicamente en la salud o enfermedad de las personas, el pronóstico no cambia debido a que son cosas que varían entre un paciente y otro. Sigue siendo la edad, tiempo que lleva con la enfermedad, enfermedades crónicas y síntomas presentes como las principales diferencias de casos leves, moderados y graves.

Los médicos están valorando aún la necesidad de cambiar la medicación de los pacientes hipertensos que toman fármacos de la familia Inhibidora de la Enzima Convertidora de Angiotensina (IECAs), que son ejemplo el benazepril, captopril, enalapril, lisinopril y ramipril. Pero los medicamentos de tipo bloqueadores de los receptores de Angiotensina II (ARA) poseen una sobreexpresión muy elevada del receptor y por lo tanto son más susceptibles a infectarse, ejemplo son el losartán, olmesartán, valsartán, irbesartán, candesartán, eprosartán y telmisartán.

"La Sociedad Europea de Cardiología (ESC) y la Sociedad Española de Cardiología ha enviado un comunicado informando sobre el tema e insistiendo en que a día de hoy la evidencia científica no es suficiente, por lo que recomiendan encarecidamente que los médicos y los pacientes continúen con el tratamiento antihipertensivo habitual, insistiendo en la importancia de no dejar el tratamiento de la hipertensión arterial en caso de infección por el COVID-19"[54].

El COVID-19 es una enfermedad muy catastrófica si no se trata a tiempo y lo peor es que no existe ningún producto aprobado por la Administración de Alimentos y Medicamentos (FDA) para su tratamiento, muchos medicamentos han tenido resultado pero siguen sin aprobarlos lo cual causa disputas entre los médicos que recetan esos medicamentos y los que no. En las redes sociales fueron varias las páginas de medicina que atacaban y hacían humor satírico con las cosas que se recetaban al enfermo.

La hidroxicloroquina y cloroquina es un medicamento que la FDA autorizó su uso contra la malaria y en situaciones de emergencia para combatir el COVID-19. Pero la FDA revocó esta autorización cuando el análisis de datos demostró que es poco probable que estos medicamentos sean efectivos y que también puede causar graves problemas cardíacos. Pero aun así lo está tomando Renan Bolsonaro, hijo varón del presidente de Brasil, Jair Bolsonaro. ¿Ignorancia o saben algo?

Los Medicamentos antivirales como el remdesivir, (que solo se receta en casos muy graves) favipravir sofosbuvir y merimepodib se encuentran en experimentación y algunos medicamentos reconocidos como el lopinavir y el ritonavir no son efectivos.

El caso del corticosteroide dexametasona fue algo polémico debido a que se utiliza principalmente en casos antiinflamatorios e inmunosupresores. Pero los memes/infodemia no faltaron, alegando en ellos que te podría causar Síndrome de Cushing y sí, pero en exceso. También el exceso de la dexametasona causa riesgo de infección, hipertensión y desarrollo de diabetes pero la OMS respondió en su sitio web la eficacia del fármaco contra el COVID-19 y menciona: "En el ensayo clínico nacional RECOVERY del Reino Unido, se probó en pacientes hospitalizados con COVID-19 y se observó que aporta beneficios a enfermos en estado crítico. Según las conclusiones preliminares enviadas a la OMS (y ahora disponibles en preimpresión), el tratamiento con dexametasona reduce en alrededor de una tercera parte la mortalidad de los pacientes conectados a respiradores y en torno a una quinta parte la de los pacientes que solo necesitan oxígeno"[55]. En caso de no encontrar dexametasona, la utilización de la prednisona, metilprednisolona, o la hidrocortisona pueden utilizarse pero todavía no se conoce la efectividad.

Se reconoce que la enfermedad causa una inflamación severa en los pulmones y es por ello que los investigadores estudian muchísimos medicamentos antiinflamatorios para prevenir o tratar aquellos órganos que también sufran daños. El *PubMed Central* es un almacén digital que archiva artículos académicos de acceso abierto que han sido publicados en revistas biomédicas y de ciencias, en el portal se publicaron algunas terapias adyuvantes[56], la vitamina C intravenosa; que se considera un poderoso antioxidante con propiedades antiinflamatorias, y la Ozonoterapia; debido a sus propiedades biológicas con los virus ya que pueden ser susceptibles al ozono. Ambas otorgan un posible papel en la terapia del COVID-19 como complemento de los regímenes de tratamiento estándar, en el documento tiene como conclusión que son efectivas.

La implementación de las nanoparticulas de cítricos como un método de prevención se ha vuelto viral, debido a que está documentado que el ácido cítrico tiene algunas propiedades que inactivan algunos virus y lo pudimos observar en la influenza aviar pero el 6 de junio pasado, "Olga Sánchez Cordero (Secretaria de Gobernación de México) comentó que no utiliza cubrebocas debido a que utilizaba gotas de Nanomoléculas de cítricos, con las cuales estaba "blindada del virus"[57]. Y la ceguera que ella transmitió al pueblo mexicano fue muy grande.

La desarrolladora de las gotas, Gabriela León, que es una ingeniera bioquímica mexicana con más de 12 años de experiencia en el sector de los productos de higiene y antibacteriales, cuenta en entrevista telefónica con *Verne* que pese a lo dicho por la secretaria su producto no previene del contagio. "No podemos decir que si te lo tomas te previene o te cura porque no es un medicamento, es un suplemento alimenticio para que el sistema inmunológico esté mucho más fortalecido" explica León[58]. Por lo que no está "blindada del virus" la secretaria de gobernación.

Siguiendo con los tratamientos, el ibuprofeno es un antiinflamatorio no esteroide (AINE) utilizado frecuentemente como antipirético y analgésico. Lo recetan para artritis reumatoide, osteoartritis, dolores menstruales, dolores musculares y para bajar la fiebre, que es para lo que mayormente se está utilizando en la pandemia.

En Argentina, Dante Miguel Beltramo es un doctor en Bioquímica, profesor titular de Biotecnología de la Facultad de Ciencias Químicas de la Universidad Católica de Córdoba (UNC) y responsable del laboratorio de biociencias de *Ceprocor*. Dante desarrollo el Ibuprofeno Inhalatorio, dando resultados maravillosos tanto que ya es considerada "una terapia de rescate"[59].

El 14 de marzo del año 2020 el ministro de Salud de Francia, Olivier Véran publicó en su cuenta de *Twitter* que la toma de antiinflamatorios como el ibuprofeno y la cortisona podría ser un factor que agrave la infección por COVID-19, es así que el medicamento entra en debate debido a que algunos médicos lo han estado utilizando como tratamiento para el COVID-19 mencionando que ayuda a los pacientes y otros mencionando que no es recomendable porque su uso agrava al paciente.

Ester Samper es una Licenciada en Medicina, con un Máster en Biotecnología Biomédica y Doctora en Ingeniería Tisular Cardiovascular, ella destaco un artículo[60] de la revista científica *The Lancet*, en el que los autores plantean que "el tratamiento de la diabetes y la hipertensión con fármacos estimulantes de la ACE2 aumenta el riesgo de desarrollar COVID-19 grave y mortal". El ACE2 traducida al español es: enzima convertidora de angiotensina II, es un potente agente vasoconstrictor, lo que da como resultado que se eleve la resistencia vascular periférica y aumente la tensión arterial. Es por eso que se crearon los fármacos Inhibidores de la Enzima Convertidora de Angiotensina (IECAs), que mencionamos al principio, que es para bajar la presión arterial.

Lo que pasa es que esta enzima se produce de forma importante en los pulmones, en el estudio infieren que la forma biológica es semejante a la del SARS y como son iguales es muy probable que sea igual su actuación, ataque a través de la ACE2 y se fije el virus. Entonces podemos deducir que como hay mucha enzima ACE2 en los pulmones por eso se fija mucho el virus, tanto el SARS como el COVID-19. Y entonces eso predispone a que las personas que tengan mucha ACE2 puedan ser mayormente afectadas.

La mayoría de la gente que se encuentra en casos graves y moderados de COVID son hipertensos y diabéticos, la gente que sufre de esto toma muchos medicamentos que modifican esas encimas y lo que pasa con el ibuprofeno aumenta la producción de ACE2. Es difícil tratar con esta enfermedad. Si tenemos a una persona con hipertensión que está tomando inhibidores o bloqueadores de Angiotensinas, IECAs o ARAs, bajan su presión arterial pero esto hace que aumente la fijación del COVID-19 en los pulmones.

Sin embargo la Agencia Española de Medicamentos y Productos Sanitarios (AEMPS) informa que ningún dato indica que el ibuprofeno agrave las infecciones por COVID-19[61], la OMS mencionó lo mismo, no existe evidencia que los medicamentos AINE provoquen eventos adversos graves[62], también se manifestaron el Servicio Nacional de Salud (NHS) que se encuentra en Reino Unido y la Autoridad Reguladora de Productos Sanitarios (HPRA) que es de Irlanda mencionando la falta de pruebas. A pesar de lo que dice el estudio de *The Lancet* las grandes organizaciones dicen otra cosa. ¿A quién creerle?

Otro tratamiento aparte del ibuprofeno es la Inmunoterapia. Las personas que se han librado de la enfermedad desarrollan en la sangre anticuerpos capaces de detectar el virus. Los anticuerpos se encuentran en la plasma de la sangre y al ser donada por un paciente recuperado puede hacerse 2 preparados. El primero que es conocido como plasma convaleciente (contiene estos anticuerpos) y el segundo inmunoglobulina hiperinmune (que está más concentrada de anticuerpos). Este tratamiento suele ser administrado por goteo o inyección.

Sin embargo "se identificaron algunos efectos no deseados graves, que podrían estar relacionados con el plasma de convaleciente, incluidos la muerte, reacciones alérgicas o complicaciones respiratorias. No se sabe con certeza si el plasma de convaleciente influye en el número de eventos graves no deseados"[63].Es por ello que no es catalogado como un tratamiento 100% efectivo.

Existen medicamentos que se están estudiando su efectividad, un ejemplo seria la ivermectina (medicamento aprobado por la FDA que es antiparasitario y es utilizado contra la filariasis linfática, la ceguera de los ríos, estrongilodiasis, que es una afección en las vías respiratorias, y se ha demostrado ser eficaz in vitro contra una amplia gama de virus, incluidos el VIH, el dengue, la influenza y el virus Zika.) y que también al igual que a la dexametasona fue criticada, debido a que es más implementada en la veterinaria. En una investigación[64] de Australia de *Monash Biomedicine Discovery Institute* (BDI) y *Doherty Institute* demostraron erradicar el virus con ivermectina en 48 hrs.

La Dra. Kylie Wagstaff fue la jefa de esta investigación y respondió que la ivermectina cuando se expone el cultivo del virus en una placa de Petri, elimina esencialmente todo el ARN viral en 48 horas y que incluso a las 24 horas hubo una reducción realmente significativa. Ella junto con David Jans lleva investigando el uso de la ivermectina durante más de 10 años con diferentes virus. Se desconoce el mecanismo de acción por el cual la ivermectina actúa sobre el virus, se menciona que es probable, basándose en su acción en otros virus, que funcione para evitar que el virus "frene" la capacidad de las células huésped para eliminarlo, dijo la Dra. Wagstaff.

La ivermectina es el medicamento con más desabasto en México porque si está funcionando como tratamiento, ayudando a controlar en los hospitales los síntomas y por lo que está recomendado. La demanda del antiparasitario ha provocado la comercialización del producto en el mercado negro, poniendo en riesgo su calidad. Por ejemplo, algunos medios reportaron ivermectina falsa en Hermosillo[65].

¿Vacuna?

La humanidad nunca se había enfrentado un desafío tan grande, donde el mundo está contrarreloj en 3 formas. La primera es un contrarreloj donde si no nos apresuramos la economía seguirá cayendo y estaremos más pobres, la segunda es un contrarreloj donde las grandes potencias quieren tener la vacuna primero para beneficio económico y cobrar buen dinero por ello y el tercer contrarreloj es que la raza humana permanezca sin problemas. Llevamos mucho tiempo con esta enfermedad en el mundo y se ha empezado a observar una carrera hacia la vacuna. Gente como Bill Gates estima que en unos 8 meses a 2 años obtendremos la vacuna, pero Soumya Swaminathan, científica clínica y al frente de la OMS, menciona que pasarán 4 o 5 años hasta que tengamos el COVID-19 bajo control.

Muchos gobiernos esperan que la vacuna llegue en un tiempo rápido, no más de dos años ya que no puede seguir todo cerrado y la libertad restringida. Pero, ¿Es probable tenerla en menos de 2 años? ¿Por qué se tarda en desarrollar una vacuna?

La vacuna se tarda no porque no tengamos la tecnología o porque hay pocos lugares donde trabajar en el virus, si no se necesita de una gran logística. Cabe mencionar que existen varios tipos de vacuna que se están creando para el COVID-19:

• Vacuna Inactiva, donde el virus es inactivado/muerto.
• Vacuna Atenuada, donde el virus está debilitado.
• Vacuna de Subunidades, donde contienen solamente piezas de los patógenos contra los cuales brindan protección.

- Vacuna de Ácidos Nucleicos, donde entran en la célula del sujeto vacunado y se mantiene en el núcleo como un epitoma, sin integrarse en el ADN de la célula.
- Vacuna de Vector Viral, donde es hacer una copia que genere la respuesta inmunológica al virus.

Teniendo esto en cuenta, se empieza con una investigación y análisis riguroso para saber por dónde empezar, luego inician las pruebas de laboratorio en busca del antígeno (organismo que induce una respuesta inmunitaria y genera anticuerpos) y se combina con el adyuvante (catalizador que hace más efectiva la respuesta inmune) que al final se crean los cultivos del virus, tener muestras diferentes, aislar del grupo y hacer muchísimas pruebas. Primero con animales, luego con humanos.

El porqué de su tardanza en la creación de la vacuna es en que un mal paso se puede echar a perder todo, si nos pasamos de la carga del virus puede haber grandes consecuencias. Infectar a gente sana como pasó con la vacuna de Polio y Sarampión, crear efectos secundarios como pasó con la vacuna de la difteria, influenza y hepatitis, o incluso nunca llegar a convertirse en vacuna como está pasando con el VIH. En esta etapa se eliminan muchas vacunas en desarrollo, compitiendo las vacunas candidatas en las pruebas con humanos.

Las pruebas con humanos es donde se contrata comúnmente una Organización de Investigación por Contracto (CRO) que se ofrece en la gestión de estudios clínicos, haciendo una monitorización y revisión de protocolos. Después se analizan los resultados y si no hay ningún error en el protocolo se presentan los estudios al gobierno y estará en un periodo corto o largo plazo para su aprobación y comenzar la distribución, la propia CRO te puede ayudar o también se busca alguna empresa que lo financié.

La distribución en masa es el principal factor de la tardanza para la llegada de una vacuna, se empieza una "crianza" del virus y cada vacuna necesita su propia casa de cultivo, no se puede en otros cultivos porque tiene que ser en las condiciones específicas que el virus necesita, costando muchísimo dinero. Es por ello que lleva meses e incluso años, construir, comprar y contratar gente muy calificada para que la fábrica y el cultivo empiece a ser manipulado. Después sigue el control de calidad, otra empresa llega para comprobar que las vacunas están en perfecto estado y no ponen en riesgo la salud para que finalmente puedan comprarse a todo mundo.

¿Si se puede tener una vacuna en menos de 2 años? Si y No. Es un juego de probabilidad ya que universidades, laboratorios, compañías e institutos de investigación de todo el mundo compiten por encontrar la vacuna que acabe con la pandemia. "Actualmente hay en desarrollo más de 175 vacunas en todo el mundo, de las cuales 41 ya están siendo probadas en humanos"[66]. Al final hay muchos proyectos y tendremos distintas fórmulas y vacunas que son financiadas por empresas privadas y también estados.

Vacunas en fase III se encuentran 6 tenemos:

- La Universidad de Oxford con la firma sueco-británica *AstraZeneca* que desarrollo una vacuna de vector viral.
- E.U tiene la compañía Moderna con su vacuna que utiliza ARN mensajero para producir proteínas virales.

- La compañía alemana *BioNTec*, junto con *Pfizer* y el fabricante chino de drogas *Fosun Pharma*, que desarrollaron una vacuna con anticuerpos neutralizantes.
- La empresa china Sinovac Biotech está probando una vacuna desde un virus inactivo llamada CoronaVac.
- El Instituto de Wuhan para Productos Biológicos aliada a la compañía estatal china Sinopharm trabajan en una vacuna a partir de un virus inactivo.
- El laboratorio chino Sinopharm también está probando una vacuna de virus inactivo desarrollada por el Instituto de Productos Biológicos de Beijing.

Tenemos a países que han aprobado su vacuna como Rusia, que fue recibido con escepticismo entre la comunidad científica internacional, incluida la OMS, porque no había pasado por la fase III, la última etapa del proceso de ensayos cuando se prueba en miles de personas (11 Agosto 2020) y mencionan que será distribuida el 1 de enero de 2021. China no se quedó atrás ya que aprobó la primera patente de una vacuna elaborada en Pekín de CanSino Biologics (17 Agosto 2020).

¿Bendita la globalización? ¿Qué paso con México? Pues él país no se quedó atrás ni con manos cruzadas, también aporto información y estudios. La Universidad Nacional Autónoma de Mexico[67] (UNAM) con una vacuna de tipo recombinante en fases de prueba, el Instituto Politécnico Nacional tiene dos proyectos; el primero es una colaboración con el Tecnologico de Monterrey, la Universidad Autónoma de Baja California y la Universidad de San Diego dentro de la iniciativa *Jonas Salk*[68] y el proyecto de una vacuna con péptidos en colaboración con la Universidad Autónoma de Querétaro[69] y por ultimo pero no menos importante, la vacuna en desarrollo del laboratorio Avimex-IMSS, en colaboración con la UNAM y el Cinvestav[70].

La creación de la vacuna nos brindara protección contra el coronavirus en nuestro organismo, pero el robo de medicamentos, el desabasto y los costos elevados seguirán ahí hasta que no haya un cambio.

"La ciencia moderna no ha producido un medicamento tranquilizador tan eficaz como lo son unas pocas palabras bondadosas"

-    Sigmund Freud

Mental y Emocional

"La infelicidad del hombre se basa en una sola cosa: que es incapaz de quedarse quieto en su habitación"

-   Blaise Pascal

Nosotros no estábamos al pendiente de un virus del continente oriental que se encontraba a miles de kilómetros, pensábamos en el trabajo, los proyectos escolares o simplemente a dónde ir a comer, el siglo XXI tiene un planeta globalizado donde por medio del celular sabemos cómo están las personas que conocemos y tenemos la información a la mano, sin embargo preferimos ver memes en vez de saber que está pasando en el mundo

El año 2020 nos hizo sufrir (ya sea mucho o poco) a todo el mundo con la pandemia, pareció una historia de ciencia ficción, pero no fue así. Muchas malas noticias, decepciones y perdidas tuvimos en este año, más que los años pasados no lo sabemos, sin embargo aquí estamos, reconociendo que somos vulnerables a casi todo y detonando una ansiedad o estrés debido a la productividad que tenemos. ¿Cómo te trato la pandemia? ¿Qué cosas te afecto? ¿Cuánto tiempo estuviste sin salir? ¿Perdiste algo o alguien? ¿Dormías bien? ¿Cambio tu forma de pensar? ¿Qué vas a hacer?

No importa la edad, sexo, etnia, enfermedad que padezcas, antecedentes que hayas vivido, condición económica, física y emocional. <u>Todos somos vulnerables</u>. Según los psicólogos la palabra vulnerable es una combinación de fragilidad, impotencia, sensibilidad e inseguridad, y al reconocer que somos vulnerables desarrollamos el miedo, que tiene que ver con la angustia y aprensión. Sin embargo nosotros como seres humanos para contrarrestar esos pensamientos recurrimos a muchas cosas, un pasatiempo, charlar con alguien, hacer oración, comer bien, inventarte lo que sucede, entre muchas otras actividades. Pero ¿Todo eso funciona? Para muchos no.

El hombre que salía a trabajar para mantener a su familia y en sus tiempos libres disfrutar de un paseo en el parque, la mujer que le gustaba platicar en persona de su vida y buscaba comprensión para sí misma y sus hijos, los ancianos que son fuente de sabiduría y que regalaban enseñanzas a la población joven. Ya nada de eso será igual, el gobierno y nosotros mismos nos impusimos el hábito de quedarnos en nuestra casa porque hay una amenaza invisible que no deseamos padecer y si la padeces puede llevarte a daños irremediables, y con ello tenemos problemas como el miedo, soledad, estrés, aburrimiento y ansiedad. ¿El sentimiento de vulnerabilidad es solo responsabilidad de los poderes públicos o también de la propia sociedad?

La persona radical dirá que nos quitaron nuestra cotidianidad sin nosotros pedirla y provocando un aumento en los daños de la sociedad como las enfermedades mentales, problemas económicos, políticos, educativos, sanitarios, espirituales y ambientales, y no acaba ahí, la creación de nuevos daños como el miedo, enojo y desafecto con nuestros semejantes en diferentes formas.

La persona escéptica se hará preguntas como ¿Por qué hay mucha filantropía por parte de los de arriba? ¿El virus se hizo con fines políticos? ¿Estaremos más vigilados después de que la pandemia acabe? ¿Hay apoyo con las personas que perdieron sus empleos?

Cada quien piensa y vive a su manera, es por ello que la vulnerabilidad es consecuencia de nuestra actual forma de vivir y de relacionarnos con nuestro entorno, los patrones sociales y culturales determinan como los hombres y mujeres tienen que reaccionar a los eventos catastróficos, por ejemplo: un hombre tiende a reprimir las emociones dolorosas porque si no lo hace lo tachamos de débil, otro ejemplo seria que las mujeres son débiles y no puedes encargarle trabajos difíciles. No debe de ser así.

El afrontar una situación de pandemia donde se han producido una gran cantidad de enfermos y cadáveres no es solamente un problema del sector salud, es de todos, hay que poner el foco colectivo como la solución al problema, aquí no hay inocentes, solo hay héroes y criminales. Los de arriba saben lo vulnerables que somos, en los noticieros se comentan y corrigen los mensajes de los portavoces oficiales para embellecerlos y brindarlo fácil de digerir al público ¿Beneficia a nosotros esta acción? ¿Contarnos las cosas así nos mejora nuestros problemas? ¿Son héroes o criminales? ¿Los grandes medios de comunicación deben dejar de ser superficiales? Al saber que los dirigentes políticos alteran la información eludimos la responsabilidad propia, nosotros tenemos el papel más importante en la pandemia, tenemos la responsabilidad de retener la enfermedad, bajar los casos de contagio y cuidar a las personas más vulnerables. El gobierno ya hizo su trabajo. En todas las redes sociales y medios de información nos mencionan "Quédate en Casa" y gracias a ello somos la mayoría un apático social que tiene como objetivo sobrevivir, digo la mayoría porque la mentalidad de los inconscientes y los que se ciegan así mismos todavía existe en nuestro planeta. ¿Tú crees que estando con problemas emocionales y gente que no obedece el confinamiento podemos aplanar la curva? ¿Cuántos no sentimos repudio y enojo por las personas que hicieron fiestas con más de 50 personas? ¿No sientes envidia cuando tu vecino sale de vacaciones en tiempos de pandemia?

La vulnerabilidad se combate siendo crítico, tomar tu papel de responsabilidad urbana y no ser una larva para la sociedad. ¿Puedes hacer eso tu solito o necesitas del miedo? El tener miedo, te hace cambiar. Y tenemos muchísimos casos, un ejemplo es cuando el presidente de Filipinas dijo que dispararían a matar si violan la cuarentena[71], en Israel la agencia de seguridad nacional puede acceder a los registros telefónicos de las personas infectadas[72], en Singapur utilizaron perros robot para patrullar las calles y alertaban a las personas que no cumplían el confinamiento[73], China implemento una hipervigilancia con una app de rastreo para contener el virus[74] y México a pesar de no tener esas medidas, los policías imparten miedo con sus agresiones debido a la pandemia[75] ¿Lo hacen por nuestro bien todas estas acciones que causan miedo? ¿Tenemos que hacer conformismo? ¿Quién es el malo, el gobierno o nosotros?

México está acostumbrado al miedo, hemos tenido sucesos naturales que lo causaron como los huracanes y terremotos, errores humanos (San Juanico, Gas Express Nieto, Explosión en Tlahuelipan, etc.) y masacres. (Matanza de Tlatelolco, el Halconazo, Aguas Blancas, Acteal, San Fernando, Ayotzinapa Nochixtlan etc.) Ya estamos acostumbrados a ver noticias como que los homicidios aumentan[76], más pobreza[77], mucha impunidad[78], y el causante de todos los problemas, la mala atención educativa[79]. Y lo curioso de eso, es que muy pocas veces esos temas corren en los noticieros porque ya lo sabemos, todo eso no es nuevo, pero con el confinamiento aumentaron más estos problemas y desde esta perspectiva, la tarea de hoy no es combatir el virus para volver a la normalidad, porque la normalidad ya era un desastre. El objetivo, en cambio, es luchar contra el virus y, al hacerlo, transformar las actividades habituales en algo más humano y seguro. ¿Entonces si la normalidad es un desastre, a queremos regresar?

Hablar de normalidad es muy complejo porque nosotros como seres humanos poseemos acción racional, pensamiento crítico y por ende autodeterminación. La normalidad es un concepto fugaz, la normalidad difiere dependiendo como se mire, pero es crucial que esta observación se haga con ojos bien abiertos. Muchos problemas son los que enfrentamos en un mundo irreverente. Ser multado por alguien que tiene más poder que tú, maltratar a los animales, no tener que comer, buscar y quemar petróleo luchar en guerras donde das tu vida por una nación, devaluar la moneda, aumentar del precio de las cosas, creer que lo que dicen los medios es más importante que los profesionales, participar en la delincuencia, matar, no saber que estudiar, participar en huelgas para ser escuchados, promover cárceles donde hay terribles y geniales tratos, incitar a ver a los ancianos como una escoria para la sociedad, rentar tu casa para tener un dinerito extra, consumir más recursos de los que el planeta puede regenerar, ser viejo y esperar la muerte, saber que una religión tiene más dinero que el que necesita, comprar tirar y volver a comprar aparatos electrodomésticos, luchar por el poder de un país, ir de pie en el transporte público porque está lleno, trabajar para un jefe que al final no te da el capital que mereces, no poder pasar tiempo con nuestra familia, vivir haciendo y creyendo mentiras, tener al turismo primero que al permanente, saber que los futbolistas ganan más que las enfermeras, seguir leyes injustas, reconocer que nada es perfecto y ninguna luz brilla, depender de una persona que nos de trabajo, estar en un embotellamiento y sentirte solo, tener recortes en tu salario, morir compitiendo contra nuestros compañeros, priorizar el beneficio de la empresa que el del trabajador, destruir entornos ambientales, llenar las playas y océanos de plásticos, querer siempre más y tener siempre menos, pagar deudas, ser más insensible, discriminar a las personas por el color o gustos, mantener la división de territorios, caer en más pobreza porque ya lo eres, migrar a otro país o ciudad porque no tienes trabajo, y lo peor, no hacer nada. Todos nosotros la estamos pasando mal pero la normalidad de antes detonó este sufrimiento.

"El gobierno y las multinacionales farmacéuticas saben desde hace años que existe una gran probabilidad de que se produzca una grave pandemia, pero como no es bueno para los beneficios prepararse para ello, no se ha hecho nada"[80].

Yo quiero una nueva normalidad, pero para tenerla tenemos que dejar al descubierto esos monstruos que nos causan fragilidad y miedo en nuestro mundo, tenemos que aceptar nuestros errores y no cegarnos de lo que aparentemente es real. Me imagino una realidad después de esta pandemia donde no dejemos a nadie atrás, donde el dinero no mueva al mundo, donde la piel de los animales en sus cuerpos permanezca, donde podemos ser y hacer lo que queramos, donde no haya luchas por obtener poder, donde tengamos más solidaridad y empatía, donde tengamos fuera el consumo, donde no exista la competencia, donde tengamos tiempo para todo y no dependamos de un reloj, donde no hay finito y todo es infinito, donde todo es PERFECTO.

Y si se puede tener esa realidad, si se puede cambiar sin miedo pero tenemos que cambiar nuestra realidad. Por el bien de ti. Y por los que seguirán en el mundo.

"Para que el mal triunfe solo se necesita que los buenos no hagan nada"

-    Edmund Burke

BIBLIOGRAFIA

1. Fisher, M. (2020, Abril 13). Teorías de la conspiración del coronavirus: por qué prosperan y por qué son peligrosas. The New York Times. https://www.nytimes.com/es/2020/04/13/espanol/mundo/coronavirus-conspiracion-fake-news.html (Citado el 18/07/20).

2. Richtel, M. (2020, Febrero 6). W.H.O. Fights a Pandemic Besides Coronavirus: An 'Infodemic'. The New York Times. https://www.nytimes.com/2020/02/06/health/coronavirus-misinformation-social-media.html (Citado el 18/07/20).

3. Facebook, Inc. (2020, Marzo 4). https://about.instagram.com/es-la/blog/announcements/coronavirus-keeping-people-safe-informed-and-supported-on-instagram (Citado el 18/07/20).

4. Pennycook, G., McPhetres, J., Zhang, Y., Lu, J. G., & Rand, D. G. (2020, Marzo 17). Fighting COVID-19 misinformation on social media: Experimental evidence for a scalable accuracy nudge intervention. PsyArXiv Preprints. https://psyarxiv.com/uhbk9/ (Citado el 18/07/20).

5. SEDESOL., CONEVAL., (2019, Mayo 14) Informe Anual Sobre La Situación de Pobreza y Rezago Social. Gobierno de Mexico. https://www.gob.mx/cms/uploads/attachment/file/45715/Morelos_003.pdf (Citado el 19/07/20).

6. Excélsior, TV. (2020, Abril 1) Amenazan con quemar hospital en Morelos si llevan pacientes con coronavirus. Youtube. https://www.youtube.com/watch?v=OLoMmoZg_oo (Citado el 19/07/20).

7. Bacaz V. (2020, Mayo 4) Fallece de COVID-19 líder que amenazó con quemar hospital de Axochiapan. El Financiero https://www.elfinanciero.com.mx/nacional/fallece-de-covid-19-lider-que-amenazo-con-quemar-hospital-de-axochiapan (Citado el 19/07/20).

8. SEDESOL., CONEVAL., (2014, Enero 25) Informe Anual Sobre La Situación de Pobreza y Rezago Social. Sedesol. http://www.sedesol.gob.mx/work/models/SEDESOL/Informes_pobreza/2014/Municipios/Michoacan/Michoacan_075.pdf (Citado el 19/07/20).

9. Anonymous México мх @AnonymousMex_. (2020, Abril 16) Sitio Web Twitter: https://twitter.com/i/status/1250998084265488384 (Citado el 19/07/20).

10. Anonimo (2014, Enero 24) Informe Anual Sobre La Situación de Pobreza y Rezago Social. Sedesol. http://www.sedesol.gob.mx/work/models/SEDESOL/Informes_pobreza/2014/Municipios/Nuevo_Leon/Nuevo_Leon_044.pdf (Citado el 19/07/20).

11. Chio, Y. (2020, Abril 6) Queman en NL hospital cedido para atender casos de Covid-19. La Jornada. https://www.jornada.com.mx/ultimas/estados/2020/04/06/queman-hospital-en-nl-cedido-a-atender-casos-de-covid-19-6383.html (Citado el 20/07/20).

12. Colaboradores de Wikipedia. (2020, 17 junio). Hipócrates. Wikipedia, la enciclopedia libre. https://es.wikipedia.org/wiki/Hip%C3%B3crates (Citado el 20/07/20).

13. Gonzales, M. (2020, Abril 17) Coronavirus: el preocupante aumento de agresiones en México contra personal médico que combate el covid-19. BBC News. https://www.bbc.com/mundo/noticias-america-latina-52319044 (Citado el 21/07/20).

14 Fiscalía del Estado de Jalisco @FiscaliaJal (2020, Abril 25) Sitio Web Twitter: https://twitter.com/FiscaliaJal/status/1254218130538278913 (Citado el 21/07/20).

15. Rodríguez, K. (2020, Abril 29) Chofer de transporte público fue vinculado a proceso por negarle servicio a enfermera. Traficozmg. https://traficozmg.com/2020/04/chofer-de-transporte-publico-fue-vinculado-a-proceso-por-negarle-servicio-a-enfermera/ (Citado el 21/07/20).

16. Llaven, Y. (2020, Abril 28) SUMAN 22 AGRESIONES VS. PERSONAL DE SALUD; PUEBLA, ENTRE LOS ESTADOS CON MÁS VIOLENCIA POR EL COVID–19. La Jornada. https://www.lajornadadeoriente.com.mx/puebla/agresiones-personal-de-salud/ (Citado el 22/07/20).

17. Anonimo (2020, Abril 5) Golpearon a una enfermera en San Luis Potosí por su labor contra el COVID-19. Infobae America. https://www.infobae.com/america/mexico/2020/04/05/golpearon-a-una-enfermera-en-san-luis-potosi-por-su-labor-contra-el-covid-19/ (Citado 22/07/2020).

18. Velázquez, I. (2020, Abril 10) Agreden a médicos familiares de muerto por virus. El Norte. https://www.elnorte.com/aplicacionesli-bre/preacceso/articulo/default.aspx?__rval=1&urlredi-rect=https://www.elnorte.com/agreden-a-medicos-familiares-de-muerto-por-virus/ar1916568?referer=--7d616165662f3a3a6262623b727a7a7279703b767a783a-- (Citado 22/07/2020).

19. Cruz, A. (2020, Abril 9) Rocían a enfermero con cloro en Reynosa, teme que después sea ácido. Político Mx. https://poli-tico.mx/minuta-politica/minuta-politica-estados/roc%C3%ADan-a-enfermero-con-cloro-en-reynosa-teme-que-despu%C3%A9s-sea-%C3%A1cido/ (Citado el 21/07/20).

20. Mexicano, L. (2020, Abril 19) Policías de San Buenaventura acosan, golpean y detienen a médico de Coahuila. Vanguardia. https://vanguardia.com.mx/articulo/policias-de-san-buenaventura-acosan-golpean-y-detienen-medico-de-coahuila (Citado el 21/07/20).

21. Expansión Política (2020, Abril 11) Policías de la CDMX vigilan hospitales para evitar agresiones a médicos. Expansión Política. https://politica.expansion.mx/cdmx/2020/04/11/policias-de-la-cdmx-vigilan-hospitales-para-evitar-agresiones-a-medicos (Citado el 21/07/20).

22. Sánchez, V. (2020, Abril 23) La ONU en México condena las agresiones contra los profesionales de la salud que lucha contra el coronavirus. Noticias ONU. https://news.un.org/es/story/2020/04/1473372 (Citado el 21/07/20).

23. Forbes Staff (2020, Abril 24) Multa de 17 mil pesos y cárcel a quien agreda personal médico en Jalisco. Forbes. https://www.forbes.com.mx/noticias-multa-17-mil-pesos-carcel-a-quien-agreda-personal-medico-en-jalisco/ (Citado el 21/07/20).

24. OIT (2020, Abril 7) Observatorio de la OIT: El COVID-19 y el mundo del trabajo. Segunda edición Estimaciones actualizadas y análisis. OIT. https://www.ilo.org/wcmsp5/groups/public/---dgreports/---dcomm/documents/briefingnote/wcms_740981.pdf (Citado el 24/07/20).

25. Lindero, S. (2020, Abril 01) Despidos injustificados y "descansos" sin sueldo: la otra crisis que trajo el COVID-19. Cuestione. https://cuestione.com/detalle/mexico/despidos-injustificados-y-%E2%80%9Cdescansos%E2%80%9D-sin-sueldo-la-otra-crisis-que-trajo-el-covid-19?fbclid=IwAR0jiA_z7W91P6L7DriY0ZpbI5bOsTkL-ril9lwoYRXE3jvYT6nvp5XaqM4A (Citado el 25/07/20).

26. Vasquez, A. (2020, Abril 09) ¿Cuál es el impacto del COVID-19 en el mercado laboral? ¿Qué nos espera?. Cuestione. https://cuestione.com/detalle/global/cual-es-el-impacto-del-covid-19-en-el-mercado-laboral-que-nos-espera (Citado el 24/07/20).

27. J. Orgaz, C. (2020, Abril 8) Coronavirus: "Se perderán 195 millones de empleos en solo 3 meses" por la pandemia, el alarmante informe de la OIT (y cómo afectará a América Latina). BBC News. https://www.bbc.com/mundo/noticias-america-latina-52220090 (Citado el 25/07/20).

28. Ocampo, S. (2020, Julio 24) Suspenden tienda Soriana en Chilpancingo por estampida. La Jornada. https://www.jornada.com.mx/ultimas/estados/2020/07/24/suspenden-tienda-soriana-en-chilpancingo-por-estampida-914.html (Citado el 26/07/20).

29. Docentes Unidos (2020, Julio 19) Sitio Web Facebook: https://www.facebook.com/docentesUnidosdelmundo/photos/a.865925473521264/3291257644321356/ (Citado el 28/07/20).

30. Ruíz, R. (2020, Marzo 30) El equipo de la Iniciativa de Educación con Equidad y Calidad del Tec de Monterrey realizó una investigación sobre las consecuencias del cierre de escuelas a causa del COVID-19. Tecnológico de Monterrey. https://tec.mx/es/noticias/ciudad-de-mexico/educacion/analizan-expertos-efectos-del-covid-19-en-la-educacion-publica (Citado el 28/07/20).

31. Lizalde, E. (2020, Junio 7) Pospone SEP examen de admisión para preparatoria y universidad. Tribunal de los Cabos. https://tribunadeloscabos.com.mx/noticias/los-cabos/pospone-sep-examen-de-admision-para-preparatoria-y-universidad-44990 (Citado el 29/07/20).

32. Redacción Marca Claro (2020, Julio 11) Inicio del Ciclo Escolar 2020-2021 se regirá por el semáforo Covid-19 de cada estado https://www.marca.com/claro-mx/trending/2020/07/10/5f07b84b22601d794f8b45c9.html (Citado el 29/07/20).

33. Martínez. J. (2020, Julio 26) SEP impulsa uso de cubrebocas. 24 Horas. https://www.24-horas.mx/2020/07/26/sep-impulsa-uso-de-cubrebocas/ (Citado el 30/07/20).

34. Secretaría de Educación Pública. (2020, Julio 09) Comunicado Conjunto No. 5 Iniciará el Ciclo Escolar 2020-2021 con base en el semáforo epidemiológico de cada entidad. Gobierno de México. https://www.gob.mx/sep/articulos/comunicado-conjunto-no-5-iniciara-el-ciclo-escolar-2020-2021-con-base-en-el-semaforo-epidemiologico-de-cada-entidad?idiom=es (Citado el 31/07/20).

35. Ciencewicki, J. y I. Jaspers (2007). "Air Pollution and Respiratory Viral Infection." Inhalation Toxicology 19(14): 1135-1146. ′10.1080/08958370701665434. Taylor & Francis Online. https://www.tandfonline.com/doi/full/10.1080/08958370701665434 (Citado el 01/08/20).

36. Redaccion Marca (2020, Abril 18) La cuarentena causa la mayor caída de emisiones de CO2 de la historia. Marca. https://www.marca.com/claro-mx/trending/2020/04/18/5e9b2f6346163f2a9e8b4594.html (Citado el 01/08/20).

37. Wilkinson, D. & Tellez C. L. (2020, Abril 22) Cuál podría ser el impacto de la COVID-19 en la crisis climática. Human Rights Watch. https://www.hrw.org/es/news/2020/04/22/cual-podria-ser-el-impacto-de-la-covid-19-en-la-crisis-climatica (Citado el 01/08/20).

38. La VOZ (2020, Abril 27) Los residuos de los hospitales asturianos se multiplican por cuatro. La Voz de Asturias. https://www.lavozdeasturias.es/noticia/asturias/2020/04/27/residuos-hospitales-asturianos-multiplican-cuatro/00031587980832987872481.htm (Citado el 02/08/20).

39. Stockes, G. (2020, Marzo 2) Masks On Beach. Vimeo. https://vimeo.com/394972806 (Citado el 02/08/20).

40. Europa Press (2020, Mayo 29) "¡Habrá más cubrebocas que medusas!": VIDEO alerta sobre contaminación en el mar por la pandemia. Sin Embargo. https://www.sinembargo.mx/29-05-2020/3795024 (Citado el 03/08/20).

41. Valor Compratido (2020, Abril 2) "La naturaleza nos está enviando un mensaje": jefe de medio ambiente de la ONU. Valor Compartido. https://www.valor-compartido.com/la-naturaleza-nos-esta-enviando-un-mensaje-jefe-de-medio-ambiente-de-la-onu/ (Citado el 04/08/20).

42. AP (2020, Abril 15) La fe en tiempos del coronavirus: religiones luchan por adaptarse a la pandemia. El Financiero. https://www.elfinanciero.com.mx/mundo/la-fe-en-tiempos-del-coronavirus-religiones-luchan-por-adaptarse-a-la-pandemia (Citado el 07/08/20).

43. Valor Compartido (2020, Marzo 26) Grupo Carso acciona en apoyo a toda la población, ante el COVID-19. Valor Compartido. https://www.valor-compartido.com/grupo-carso-fundacion-carlos-slim-acciones-apoyo-poblacion-covid-19/ (Citado el 07/08/20).

44. Valor Compartido (2020, Agosto 7) Venciendo al coronavirus #VamosAContarloJuntos. Valor Compartido. https://www.valor-compartido.com/venciendo-al-coronavirus-vamosacontarlojuntos/ (Citado el 07/08/20).

45. Suarez, H. RIFREM. (2016) Encuesta nacional sobre creencias y Prácticas religiosas en México. 2016. México: CONACYT, COLEF, COLJAL, CIESAS,. Scielo org. http://www.scielo.org.mx/scielo.php?pid=S2007-81102019000100447&script=sci_arttext#aff1 (Citado el 08/08/20).

46. Gobierno de Jalisco (2020) Protocolo de acción para iglesias ante Covid-19. Gobierno de México. https://coronavirus.jalisco.gob.mx/wp-content/uploads/2020/05/Protocolo_iglesias-1.pdf (Citado el 08/08/20).

47. Chávez, V. (2020, Julio 27) El precio de enfermarse de COVID-19: mexicanos venden casas, autos y se endeudan para atenderse. El Financiero. https://www.elfinanciero.com.mx/nacional/venden-casa-auto-y-se-endeudan-para-atenderse-contra-covid-en-privados (Citado el 10/08/20).

48. Rodriguez, I. (2020, Mayo 7) ¿Cuánto cuesta enfermarse de COVID-19 y atenderse en un hospital privado? Expansión Mx. https://expansion.mx/empresas/2020/05/07/cuanto-cuesta-enfermarse-de-covid-19-y-atenderse-en-un-hospital-privado (Citado el 10/08/20).

49. INFOBAE (2020, Mayo 23) Coronavirus en México: industria farmacéutica triplica esfuerzos para afrontar pandemia. Infobae. https://www.infobae.com/america/mexico/2020/05/23/coronavirus-en-mexico-industria-farmaceutica-triplica-esfuerzos-para-afrontar-pandemia/ (Citado el 10/08/20).

50. Juarez, M. (2020, Julio 12) Covid-19 agrava desabasto de medicamentos. Excélsior. https://www.excelsior.com.mx/nacional/covid-

19-agrava-desabasto-de-medicamentos/1393493 (Citado el 11/08/20).

51. Nolasco, S. (2020, Mazo 19) Invitan a reportar desabasto de medicamentos. El Economista. https://www.eleconomista.com.mx/arteseideas/Invitan-a-reportar-desabasto-de-medicamentos-20200318-0166.html (Citado el 11/08/20).

52. El Universal (2020, Julio 13) Covid-19 dispara precio de medicinas. Pulso diario de San Luis. https://pulsoslp.com.mx/nacional/covid-19-dispara-precio-de-medicinas/1148142 (Citado el 12/08/20).

53. Orona, K. (2020, Junio 1) Robo de medicamentos debe parar y castigar a culpables: Senador Armando Guadiana. El Heraldo de Mexico. https://heraldodemexico.com.mx/pais/robo-medicamentos-debe-parar-y-castigar-culpables-senador-armando-guadiana-coahuila-cofepris-salud-investigaciones/ (Citado el 11/08/20).

54. IDOVEN (2020, Marzo 14) Los tratamientos para la hipertensión podrían agravar la infección por coronavirus: al igual que el ibuprofeno, fármacos como losartán o irbesartán podrían empeorar los síntomas. IDOVEN. https://idoven.ai/blogs/news/los-tratamientos-para-la-hipertension-pueden-agravar-la-infeccion-por-coronavirus-al-igual-que-el-ibuprofeno-farmacos-como-losartan-o-irbesartan-pueden-empeorar-los-sintomas-idoven (Citado el 11/08/20).

55. OMS (2020, Junio 25   ) Preguntas y respuestas sobre la dexametasona y la COVID-19. Organización Mundial de la Salud. https://www.who.int/es/news-room/q-a-detail/q-a-dexamethasone-and-covid-19 (Citado el 12/08/20).

56. A. Hernández, P.J. Papadakos, A. Torres, D.A. González, M. Vives, C. Ferrando, & J. Baeza (2020, Abril 14) Dos terapias conocidas podrían ser efectivas como adyuvantes en el paciente crítico infectado por COVID-19. National Center for Biotechnology Information. https://www.ncbi.nlm.nih.gov/pmc/articles/PMC7156242/ (Citado el 12/08/20).

57. Anonimo (2020, Julio 15) Ten cuidado: estos son los fármacos que no se deben de utilizar para tratar COVID-19. El Financiero. https://www.elfinanciero.com.mx/nacional/estos-son-los-farmacos-que-no-se-deben-de-utilizar-para-tratar-covid-19-segun-salud (Citado el 12/08/20).

58. Barragán, A. (2020, Jul 13) Los médicos desaconsejan las gotas que dice tomar la secretaria de Gobernación para prevenir el coronavirus. El Pais. https://verne.elpais.com/verne/2020/07/13/mexico/1594594746_659861.html (Citado el 13/08/20).

59. Chavez, V. (2020, Agosto 8) Ibuprofeno inhalado: en qué consiste la "terapia de rescate" que muestra resultados prometedores en casos graves de COVID-19. Infobae. https://www.infobae.com/salud/2020/08/08/ibuprofeno-inhalado-en-que-consiste-la-terapia-de-rescate-que-muestra-resultados-prometedores-en-casos-graves-de-covid-19/ (Citado el 13/08/20).

60. Fang L., Karakiulakis G., Roth M. (2020, Marzo 11) Are patients with hypertension and diabetes mellitus at increased risk for COVID-19 infection?. The Lancet. https://www.thelancet.com/journals/lanres/article/PIIS2213-2600(20)30116-8/fulltext (Citado el 13/08/20).

61. AEMPS (2020, Marzo 15) La AEMPS informa que ningún dato indica que el ibuprofeno agrave las infecciones por COVID-19. Gobierno de España. https://www.aemps.gob.es/informa/notasinformativas/medicamentosusohumano-3/2020-medicamentosusohumano-3/la-aemps-informa-que-ningun-dato-indica-que-el-ibuprofeno-agrave-las-infecciones-por-covid-19/ (Citado el 13/08/20).

62. Telecentro Solvision (2020, Abril 23) OMS da veredicto final sobre el ibuprofeno y el coronavirus. Infomed. http://www.gtm.sld.cu/noticia/2020/04/23/oms-da-veredicto-final-sobre-el-ibuprofeno-y-el-coronavirus (Citado el 13/08/20).

63. Piechotta V., Chai K.L., Valk S.J., Doree C., Monsef I., Wood E.M., Lamikanra A., Kimber C., McQuilten Z., So-Osman C., Estcourt L.J., Skoetz N. (2020, Julio 10) El plasma de las personas que se han recuperado de covid-19 para tratar a los individuos con covid-19. Cochrane. https://www.cochrane.org/es/CD013600/HAEMATOL_el-plasma-de-las-personas-que-se-han-recuperado-de-covid-19-para-tratar-los-individuos-con-covid-19 (Citado el 15/08/20).

64. Caly L., Druce J., Catton M., Jans D., Wagstaff K. (2020, Abril 3) The FDA-approved drug ivermectin inhibits the replication of SARS-CoV-2 in vitro. Elsevier. https://doi.org/10.1016/j.antiviral.2020.104787 (Citado el 16/08/20).

65. Sigala, L. (2020, Julio 20) ¡Ojo! Alertan sobre la venta de ivermectina falsa en Hermosillo. Expreso. https://www.expreso.com.mx/seccion/hermosillo/209599-ojo-alertan-sobre-la-

venta-de-ivermectina-falsa-en-hermosillo.html (Citado el 16/08/20).

66. Infobae (2020, Agosto 17) Así está hoy la carrera por la vacuna contra el coronavirus: cuáles son las más avanzadas. Infoabe. https://www.infobae.com/america/ciencia-america/2020/08/13/asi-esta-hoy-la-carrera-por-la-vacuna-contra-el-coronavirus-cuales-son-las-mas-avanzadas/ (Citado el 17/08/20).

67. Pacheco, G. (2020, Junio 8) Esto es lo que debes saber sobre la vacuna contra covid-19 que desarrolla la UNAM. Milenio. https://www.milenio.com/ciencia-y-salud/vacuna-coronavirus-unam-desarrolla-cura-covid-19-mexico (Citado el 18/08/20).

68. Mediotiempo (2020, Agosto 2) IPN desarrolla vacuna contra coronavirus que estaría lista en 2021. Medio Tiempo. https://www.mediotiempo.com/otros-mundos/ipn-desarrolla-vacuna-coronavirus-estaria-lista-2021 (Citado el 18/08/20).

69. Bautista, M. (2020, Junio 30) México presenta 4 proyectos de vacuna contra Covid. Contra Réplica. https://www.contrareplica.mx/nota-Mexico-presenta-4-proyectos-de-vacuna-contra-Covid-202030621 (Citado el 18/08/20).

70. Anonimo (2020, Julio 24) Investigadores del IMSS participan en 3 de las 4 propuestas enviadas al CEPI para el desarrollo de una vacuna contra el COVID-19. Gobierno de México. http://www.imss.gob.mx/prensa/archivo/202007/499 (Citado el 18/08/20).

71. Forbes Staff (2020, Abril 2) Presidente de Filipinas ordena matar a quienes violen cuarentena. Forbes. https://www.forbes.com.mx/mundo-filipinas-duterte-ordena-matar-quienes-violen-cuarentena-coronavirus/ (Citado el 20/08/20).

72. Chin, M. (2020, Mayo 17) Israel is using cellphone data to track the coronavirus. The Verge. https://www.theverge.com/2020/3/17/21183716/coronavirus-covid-19-israel-natanyahu-cellphone-data-tracking (Citado el 20/08/20).

73. Jofré, V. (2020, Mayo 8) El perro robot que busca evitar la propagación del Covid-19 en Singapur. La Tercera. https://www.latercera.com/la-tercera-pm/noticia/el-perro-robot-que-busca-evitar-la-propagacion-del-covid-19-en-singapur/YX45GU-TURNG7JBOQ7VAIFGVPNQ/ (Citado el 20/08/20).

74. Paul, F. (2020, Abril 8) Coronavirus: qué es el "código verde" que permite a la gente en China moverse libremente (y por qué genera polémica). BBC News. https://www.bbc.com/mundo/noticias-52215521 (Citado el 20/08/20).

75. Grupo Excélsior (2020, Junio 14) Expone pandemia el abuso policial en México. Excélsior. https://www.excelsior.com.mx/nacional/expone-pandemia-el-abuso-policial-en-mexico/1388080 (Citado el 20/08/20).

76. Nájar, A. (2020, Abril 23) Coronavirus en México: la paradoja de que el país registre el mayor número de homicidios del año en medio de la cuarentena. BBC News. https://www.bbc.com/mundo/noticias-america-latina-52406595 (Citado el 23/08/20).

77. Infobae (2020, Julio 29) Paso del coronavirus en México podría dejar hasta 40 millones de nuevos pobres: alertó Banxico. Infobae. https://www.infobae.com/america/mexico/2020/07/29/paso-del-co-ronavirus-en-mexico-podria-dejar-hasta-40-millones-de-nuevos-po-bres-alerto-banxico/ (Citado el 23/08/20).

78. Animal Político (2020, Agosto 19) México, uno de los países con mayores índices de impunidad, según informe. Animal Politico. https://www.animalpolitico.com/2020/08/mexico-paises-con-mayo-res-indices-impunidad/ (Citado el 23/08/20).

79. Chávez, V. (2020, Agosto 17) Educación online de SEP dejó 'fue-ra' a 55.7% de alumnos en México. El Financiero. https://www.elfi-nanciero.com.mx/nacional/educacion-online-de-sep-inaccesible-para-55-7-de-alumnos-en-mexico (Citado el 23/08/20).

80. Nicoli, V. (2020, Marzo 20) Las camas de los hospitales se han suprimido en nombre de la eficiencia. Contexto y Acción. https://ctxt.es/es/20200302/Politica/31456/noam-chomsky-corona-virus-neoliberalismo-sanidad.htm (Citado el 23/08/20).

Tener una pandemia mundial no fue nada facil. Hubo una lucha en la que participamos todo el mundo y no te diste cuentay para eso es este libro, para recordar como la sociedad sobrevivio una pandemia en el aspecto laboral, educativo, ambiental, espiritual y mental.

9 798684 236846